Wolfgang Kulla
Wie die Tiere in ihrem Wald
die Wildbienen retten

AF189501

Wolfgang Kulla
Wie die Tiere in ihrem Wald
die Wildbienen retten

Summsel

Bruno Emil Albi Professor Bummel

Wolli Wespo

© 2021 Wolfgang Kulla
2. Auflage 10/2021
Alle Rechte vorbehalten!
Herstellung und Verlag:
BoD – Books on Demand, Norderstedt
ISBN: 9783749469741

Summsel und Wolli (6)
Auf der Krankenstation der Wildbienen (18)
Die Zusammenkunft der Waldtiere (26)
Hoppsel hat ein Problem (37)
Der Rothölzer (50)
Die dritte Gruppe (61)
Am Meer (66)
Eine stürmische Überfahrt (77)
Menschliche Bienen (84)
Die Entführung (91)
Die grüne Insel (96)
Das Waldfest (108)
Ein Wort an die Kinder (115)

Wissenswertes, Tipps und Vorschläge zum Thema: Wildbienen

Anhang 1: Wie soll man sich gegenüber den Wildbienen verhalten? (116)

Anhang 2: Eine kleine Auswahl von Wildbienenarten (117)

Anhang 3: Wie funktioniert die Bestäubung der Pflanzen? (119)

Anhang 4: Wildbienen am Haus, im Garten und in der Schule (121)

Anhang 5: Warum sterben unsere Wildbienen? (127)

Anhang 6: Kinderlied (128)

Summsel und Wolli

Der Morgentau hat die große Blumenwiese in einen silbernen, glitzernden Teppich verzaubert, während Summsel, das Bienenmädchen, mit ihrem Freund Wolli über ihr fliegt. Dieser Frühlingstag verspricht sehr schön zu werden, denn der Himmel zeigt sich in einem strahlenden Blau und nur kleine weiße Wolken umrahmen die aufgehende Sonne.

Angetan von der angenehmen Morgenstimmung ruft Summsel übermütig: „Wolli, fange mich! Wetten, du bist nicht so schnell wie ich!" Sie fliegt hoch in die Luft, dreht furchtlos einen Bogen und schwebt mit hoher Geschwindigkeit knapp über den Kopf von Wolli hinweg.

Summsel setzt sich auf eine Blume und wippt beschwingt auf einem Blütenblatt hoch und runter.

„Hey, Summsel, was soll das? Du weißt doch, was deine Eltern dir gesagt haben! Du sollst schnell Nektar suchen, weil für das Mittagessen kein Vorrat mehr da ist."

„Ach, du Spielverderber, es ist so schön hier. Viel schöner als im Wald, wo kaum die Sonne durch die Bäume dringen kann. Zur Nektarsuche ist immer noch Zeit", erwidert sie.

Wolli, der sich auf einer anderen Blume niedergelassen hat, wirbelt seine Fühler aufgeregt hin und her und ruft Summsel zu: „Sei vorsichtig! Du könntest herunterfallen und im Gras lauern viele Gefahren."

„Ach was! Schau her, ich kann schon so hoch springen." Summsel stößt sich kräftig mit den Beinen vom Blütenblatt ab und balanciert in der Luft mit ihren Flügeln. Doch kaum ist sie wieder auf dem feuchten Blütenblatt angekommen, rutschen ihre Beine aus, sodass sie auf den Hinterleib fällt und in die Tiefe stürzt. Mit total nassen Flügeln kann sie nicht mehr fliegen und so kommt es, dass sie wie ein kleines Steinchen in ein Spinnennetz plumpst, welches in den Morgenstunden von einer Wespenspinne zwischen den Gräsern gesponnen wurde.

Sofort versucht Summsel sich aus dem Netz zu befreien, aber desto wilder sie die Beine bewegt, umso mehr verstrickt sie sich zwischen den Spinnennetzfäden.

Vor Schreck bedeckt Wolli mit den Flügeln seine Augen und schreit: „Oh, welch ein Unglück! Ich habe es kommen sehen, das konnte nicht gut gehen."

Er fliegt nach unten und klammert sich an einem Grashalm, direkt in Höhe des Spinnennetzes.

Die Wespenspinne, die nach ihrer anstrengenden Arbeit am Spinnennetzrand etwas eingeschlummert war, wird durch die heftigen Bewegungen ihres Netzes wachgerüttelt.

Gähnend öffnet sie ihre Augen, überschaut ihren Bau und murmelt vor sich hin: „Hey, was für eine schöne Überraschung, pünktlich zum Frühstück fliegt mir doch ein Bienchen zu. Mhm, lecker, lecker! Diese kleine Beute will ich mir doch mal näher anschauen." Die Spinne, die auf den Namen Nenni hört, gleitet geräuschlos mit ihren lange-Beinen zu Summsel, die mit ängstlichen Augen die Spinne ansieht. Nenni nickt ihr heimtückisch zu und hinterlistig murmelt sie: „Schau an, so ein hübsches Bienenmädchen. Ehrlich gesagt, dich hätte ich mir etwas dicker gewünscht. Aber was soll's, wenn es nichts anderes gibt, soll man nicht wählerisch sein. Für ein kleines Frühstück bist du mir sehr willkommen."

Nenni verdreht genießerisch die Augen.

Während Summsels Körper vor Angst bebt und sie kein Wort hervorbringen kann, ruft Wolli energisch der Spinne zu: „Das wirst du schön bleiben lassen. Wehe, wenn du meiner Freundin nur ein Härchen krümmst, dann bekommst du es mit mir zu tun!"

Schroff dreht sich Nenni um und erstaunt nimmt sie den vorlauten Wolli wahr.

„Ach, wirklich?" Nenni wackelt vergnügt mit ihrem Kopf. „Du kannst gern zu mir auf mein Netz kommen. Sieh, für dich ist hier noch viel Platz. Weißt du, gegen einen Nachtisch hätte ich nichts einzuwenden", schwatzt die Spinne munter und reibt sich vor Vergnügen die Vorderbeine aneinander.

Aber Wolli lässt sich nicht einschüchtern. Er zeigt auf seinen Hinterleib und sagt: „Ich kann dich stechen, mein Stachel ist schon sehr groß!"

„Nein, Wolli, nein! Das wirst du nicht tun. Dann hast du große Schmerzen", schreit Summsel Wolli zu und ihre Augen füllen sich mit Tränen.

Wolli senkt seinen Kopf und leise entgegnet er: „Na wenn schon. Ich werde auf keinen Fall zusehen, wie diese garstige Spinne dich verspeist."

Nenni kichert vergnügt und meint: „Oh je, was für ein trauriges Schauspiel ich doch am frühen Morgen erlebe. Wenn das so weiter geht, kommen mir noch die Tränen." Die Spinne tut so, als würde sie sich vor Trauer die Augen auswischen.

Nenni gleitet noch weiter an Summsel heran, verengt böse ihre Augen und spricht: „Schluss mit dem Theater! Ich habe Hunger. Du kleine Biene wirst das doch verstehen, nicht wahr? Denke noch einmal an deine Eltern, denn dein letztes Stündlein hat geschlagen."

Doch als sie sich über Summsel beugt, bekommt Nenni einen Schlag an den Kopf und ihr Körper wird zurückgeworfen.

Es ist Wolli, der einen kräftigen Grasstiel abgebrochen hatte und damit im Flug um sich schlägt.

Nenni zappelt wild auf dem Rücken liegend und hat Mühe, sich wieder auf die Beine zu drehen. Erbost tobt sie: „Na warte, du frecher Bienen-

zwerg, dich bekomme ich auch noch zu fassen!"
Und wieder nähert sie sich Summsel.

Plötzlich bebt der Erdboden. Ein Rumpeln, Rattern, Pfeifen und Zischen erfüllt die Luft. Es regnet! Aber kein Regenwasser benetzt das Gras, sondern eine widerliche, blaue Brühe ergießt sich über das Spinnennetz.

Aufgeregt ruft Wolli seiner Freundin zu: „Summsel, schnell, bedecke deine Augen und schau nicht nach oben. Sofort!" Er selbst verlässt seinen Grashalm und fliegt nach unten, um sich in einem Loch zu verstecken.

Nenni, völlig überrascht vom Geschehen, schaut verdutzt nach oben, genau in die herunterfallende blaue Flüssigkeit.

Ein Tropfen fällt genau auf ihren Kopf. Während sie zu dem Bienenmädchen blinzelt, flackert plötzlich vor ihren Augen das Gras hin und her und ein stechender Schmerz durchzuckt ihren Körper. Benommen spürt sie, wie sie müde wird und kraftlos flüstert sie vor sich hin: „Ich habe Hunger! Aber ich sehe die Biene nicht mehr. Was ist mit mir?" Ihr Körper sackt zusammen, ihre Beine streckt sie weit von sich und sie hört nichts mehr.

„Summsel, Summsel, wach auf!" Wolli rüttelt das Bienenmädchen am ganzen Körper. Als das blaue, giftige Wasser über die Blumenwiese niederging, hatte er schnell und richtig gehandelt, genau so, wie es Professor Bummel im Schulunterricht erläutert hatte. Professor Bummel wohnt im Wildbienenhaus und hält vor den erwachsenen Wildbienen und Bienenschülern Vorträge. Als Arzt leitet er die Waldkrankenstation der Wildbienen.

Summsel öffnet zaghaft ihre Augen und stöhnend lispelt sie: „Wolli, mir ist so übel. Ach, wäre ich doch nicht so unvorsichtig gewesen!"

„Summsel, wir müssen weg von hier! Komm, ich helfe dir!"

Mit Unterstützung von Wolli zieht Summsel ihre Beine aus den Spinnennetzfäden. Nach einer Weile hat sie es endlich geschafft und hätte wegfliegen können, doch sie schaut besorgt zu Nenni, die wie leblos vor ihr liegt. „Was meinst du, Wolli, ist Nenni tot?", fragt sie ihn.

Er zuckt mit den Schultern. „Weiß nicht, aber das ist mir auch egal. Vergiss nicht, sie hätte dich gefressen und du wärst jetzt nicht mehr am Leben."

Summsel nickt. „Trotzdem, wollen wir nicht mal nachschauen? Vielleicht können wir helfen!"

Wolli verdreht die Augen und verzweifelt sagt er: „Auf keinen Fall! Los, hauen wir ab!"

Aber Summsel hört nicht auf ihn, fliegt über die Spinne und berührt mit ihren Fühlern behutsam ihren Kopf.

Wolli will gerade „Vorsicht!" rufen, da schnellt der Kopf von Nenni nach oben und sie hätte beinahe das Bienenmädchen erfasst. „Hah!", krächzt die Wespenspinne ohnmächtig. „Noch lebe ich. Es wird der Tag kommen, Summsel, dann werde ich dich fressen." Ihr Kopf fällt wieder nach unten und leise nuschelt sie: „Und dich, Wolli, auch!"

Aber das hören Summsel und Wolli bereits nicht mehr, denn beide sind schnell nach diesem Schreckmoment in die Lüfte geflogen.

Am Ende der Wiese, an einem Wegesrand, lassen sie sich nieder.

Wolli sieht sofort, dass es Summsel nicht gut geht. Sie ist blass und am Körper haben sich rote Flecken gebildet.

„Was ist mit dir?", fragt Wolli fürsorglich.

„Ich weiß nicht. Ich habe einfach keine Kraft und das Fliegen fällt mir schwer. Ich muss doch Nektar suchen. Wolli, ich kann es aber nicht!"

„Du bist krank! Lege dich hierher auf die Blumenblüte. Ich fliege zur Krankenstation und hole Hilfe."

„Nein, bitte, lass mich nicht allein."

„Ich beeile mich, du kannst dich darauf verlassen."

Während Wolli wegfliegt, schließt Summsel die Augen und ein schrecklicher Alptraum verfolgt sie in ihrem Schlaf.

Sie merkt nicht, wie ein Bienensanitäter sich über sie beugt, der gerade mit Wolli bei ihr angekommen war.

Der Sanitäter rümpft bedenklich seinen Rüssel und meint zu Wolli: „Das sieht nicht gut aus. Summsel muss sofort in die Krankenstation. Wir legen sie auf die Krankentrage."

Gemeinsam legen sie das Bienenmädchen vorsichtig auf die Trage, ergreifen die Haltestäbe und mit Anlauf erheben sie sich in die Lüfte.

Auf der Krankenstation der Wildbienen

Seit dem Morgen ist auf der Krankenstation ein emsiges Treiben. Von überall her werden kranke Wildbienen eingeliefert und es ist abzusehen, dass die Krankenbetten nicht ausreichen würden. Vorsorglich werden Decken ausgelegt, um alle Patienten versorgen zu können.

Professor Bummel fliegt von einer kranken Biene zur anderen, untersucht sie gewissenhaft und verabreicht einen dicken, klebrigen Pflanzensaft, um die Übelkeit zu mindern.

Aber damit kann die Krankheit nicht besiegt werden, denn er weiß, worin die Ursachen liegen.

Der Rothölzer, dieser unbelehrbare, uneinsichtige Kerl, bereitet ihm große Sorgen.

Es war vor einigen Jahren, als die Wildbienen durch lauten Lärm aufgeschreckt wurden. Von der einzigen Anhöhe des Waldes hörten sie es Hämmern und Sägen, Bäume fielen geräuschvoll zu Boden und die Rufe von Menschen erschallten im Wald. Es war Rothölzer, der sich auf dem Hügel eine Holzhütte baute.

Da seine roten Haare weit sichtbar zu sehen waren und er geschickt mit dem Holzhandwerk umgehen konnte, nannten ihn alle Tiere des Waldes kurzerhand den „Rothölzer". Das Sonderbare ist, Rothölzer gewöhnte sich schnell an den Namen, so, als hätte er nie einen anderen gehabt.

Anfangs war alles gut. Rothölzer und seine beiden Kinder, Mirja und Moritz, legten sich einen kleinen Garten mit Gemüse und Blumen an und auch zwei Apfelbäume wurden zur Freude der Wildbienen gepflanzt.

Doch dabei blieb es nicht! So wie die Tiere Nahrung benötigen, brauchen Menschen etwas zu essen, also schaffte sich Rothölzer ein Schwein und eine Kuh an, die einen großen Appetit auf Futter haben.

Rothölzer überlegte nicht lang. Er bearbeitete sich ein Feld und säte Mais aus, Jahr für Jahr, immer wieder Mais.

Professor Bummel schüttelt wütend mit dem Kopf und murmelt vor sich hin: „Warum immer nur Mais? Dabei gibt es doch auch andere blühende Futterpflanzen, deren Nektar wir so dringend benötigen."

Aber das Schlimmste ist, dass Rothölzer mit seinem Traktor im Frühjahr das Maisfeld mit einer blauen Flüssigkeit besprüht. Sie soll das Unkraut, welches den Wachstum der Maispflanzen verhindert, vernichten. Da das Feld gleich neben der Blumenwiese ist, trägt der Wind die Wasserwolken hinüber, genau zu den Bienen, die auf Nahrungssuche sind.

Professor Bummel seufzt, denn auch der Qualm, den der Traktor ausspuckt, bekommt den Wildbienen gar nicht.

Hilflos schaut er auf all die Krankenbetten und flüstert: „Wenn ich nur ein Medikament gegen die Krankheit hätte! Bekomme ich es in den nächsten Tagen nicht, befürchte ich das Schlimmste."

Als Professor Bummel wieder am Eingang der Krankenstation ankommt, landen gerade der Bienensanitäter und Wolli mit der kranken Summsel.

Er schüttelt verzweifelt den Kopf. „Schon wieder ein Neuzugang, es will einfach kein Ende nehmen."

Der Professor zeigt auf ein Bett und sagt: „Legt sie hierher!" Er beugt sich über die Biene. „Oh, das ist ja Summsel, die Tochter von meinem Nachbarn." Sein Blick verfinstert sich, denn vor zehn Minuten wurden Summsels Eltern auch in die Krankenstation eingeliefert.

Summsel, die inzwischen aufgewacht war, lächelt den Professor hilflos an.

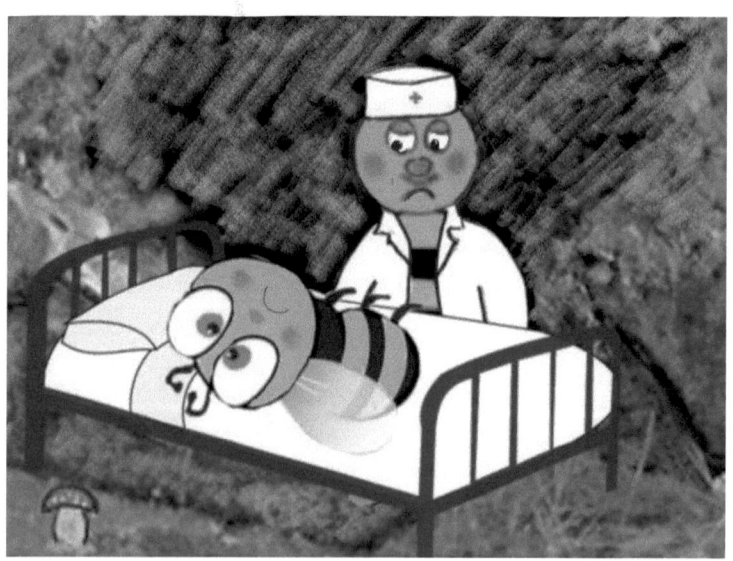

Besorgt fragt Wolli den Arzt: „Herr Professor, wird Summsel bald wieder gesund?"

Professor Bummel horcht mit einem Rohr den Körper von Summsel ab. Sein Blick hellt sich etwas auf und er nickt Wolli zu. „Mir scheint, dass sie es nicht so schwer erwischt hat. Den Ausschlag bekommen wir bald in den Griff. In ein paar Tagen kann sie die Station bestimmt wieder verlassen. Wart ihr beide zusammen? Ist es auch auf der Blumenwiese passiert?"

„Ja, Herr Professor, als es regnete, hatte ich Summsel zugerufen, dass sie sofort ihren Kopf bedecken soll und ich selbst habe mich in einem Loch versteckt."

Summsel seufzt und leise sagt sie: „Wolli hat mir sehr geholfen. Wenn er nicht bei mir gewesen wäre ...", ihre Augen füllen sich mit Tränen, „ ...wäre ich jetzt schon tot!"

Professor Bummel streichelt Summsel über ihren Kopf. „Ja, das hat Wolli sehr gut gemacht! Leider waren nicht alle Bienen so klug. Viele, viele Wildbienen des Waldes sind krank und können nicht mehr auf Nahrungssuche gehen." Der Arzt atmet tief durch, blickt auf die Krankenstation und mit bitterer Miene meint er: „Wenn nicht Hilfe kommt, werden viele Bienen nicht überleben. Und was wird aus unseren Bienenkindern? Die Nahrung wird nicht lange ausreichen, es ist zum Verzweifeln!"

Dann wendet Professor Bummel sich wieder dem Bienenmädchen zu. „Summsel, ich habe eine traurige Nachricht. Deine Eltern …" Summsel erhebt sofort ihren Kopf und fragt besorgt: „Meine Eltern? Was ist mit ihnen?"

„Es tut mir leid, deine Eltern sind auch erkrankt. Sie waren auf der Blumenwiese und haben Nektar gesucht. Dabei sind sie voll in die Giftwolke hineingeflogen. Es geht ihnen gar nicht gut."

Summsel drückt ihren Kopf in das Kissen und schluchzt: „Das ist meine Schuld, alles nur meine Schuld! Ich sollte den Nektar suchen, aber ich habe stattdessen auf der Wiese gespielt." Das Kissen wird von den vielen Tränen ganz feucht.

Wolli streichelt mit seinem Flügel unbeholfen Summsels Kopf und flüstert: „Alles wird gut werden, glaube mir, alles wird gut werden!"

Dann wendet er sich an den Professor.

„Sie haben gesagt, wenn keine Hilfe kommt, werden viele Bienen an der Krankheit sterben. Wie meinen sie das?"

Nachdenklich kratzt sich Professor Bummel am Kopf.

„Ach, Wolli, es war so leicht von mir dahingesagt. Aber vielleicht …, wenn ich so nachdenke …, ja, du hast Recht …, wir müssen etwas unternehmen. Und wenn ich so überlege, kommt mir ein sehr gewagter Gedanke!"

Er sieht Wolli durchdringend in die Augen.

„Hör zu! Du fliegst jetzt durch unseren Wald und sagst allen Tieren, die du antriffst, dass sie heute Abend auf die Wiese an der Waldschule kommen sollen. Wir brauchen ihre Hilfe! Schnell, beeile dich!"

Aufgeregt nickt Wolli mit dem Kopf.

„Ja, Herr Professor, ich werde mich beeilen!"

Kaum hatte er es ausgesprochen, war Wolli schon weggeflogen.

Die Zusammenkunft
der Waldtiere

Da heute Samstag ist, hat Emil, die Eule, schulfrei. Obwohl die Sonne ihre warmen Strahlen über den Wald verteilt und viele Tiere den Frühlingstag genießen, sitzt Emil am Tisch und fertigt seine Schulaufgaben an. Wie immer hat Lehrer Löffelknick den Tierkindern der ersten Klasse eine Schreib- und eine Rechenaufgabe gestellt. Und diese Hausaufgaben sind diesmal gar nicht so leicht zu lösen. Emil spielt nachdenklich mit dem Bleistift und schaut sehnsüchtig aus dem Fenster, wo ab und zu lustige Vögel laut zwitschernd vorbeifliegen.

Es klopft an der Wohnungstür.

Schnell tippelt Emil zur Tür und öffnet sie. Vor ihm sitzt Fred, sein Freund, der zur Kauz-Familie gehört, die im Nachbarbaum wohnt.

Fred plappert gleich los: „Emil, hast du es schon gehört?"

Emil rümpft den Schnabel und erwidert: „Nun komm doch erst mal rein. Was ist denn passiert?"

Fred fliegt in die Wohnung, schaut auf den Tisch und fragt erstaunt: „Was, du machst Hausaufgaben? Der ganze Wald ist in großer Aufregung und du beschäftigst dich mit deinen Büchern!"

Emil atmet tief durch, schubst Fred

auf einen Hocker und sagt ruhig: „Nun mal ganz langsam, Fred. Was ist geschehen?"

„Na, der Rothölzer hat es schon wieder getan. So eine Gemeinheit! Wenn das so weitergeht, werden wir noch alle darin umkommen", ereifert sich Fred und reist dabei seine Augen weit auf.

Emil holt tief Luft. „Fred, was hat der Rothölzer getan?"

„Na, er ist wieder mit seinem Traktor entlang der Blumenwiese gefahren und hat diese hässliche, blaue Brühe versprüht. Viele, viele Bienen, ach, was sag ich, alle Bienen aus unserem Wald liegen jetzt auf der Krankenstation und werden bald sterben."

„Übertreibst du jetzt nicht etwas?" Emils Stirngefieder zieht sich skeptisch zusammen.

Fred räuspert sich verhalten und lenkt ein: „Na ja, zwei Bienen leben noch, nämlich der Professor Bummel und Wolli."

„Also wirklich, Fred, ich verstehe jetzt nichts mehr. Erst sagst du, die Bienen liegen auf der Krankenstation und dann leben nur noch zwei Bienen. Irgendwas stimmt doch da nicht!"

„Emil, ich will doch nur, dass du jetzt die Hausaufgaben beiseitelegst. Ich habe Wolli getroffen und er hat mir alles erzählt. Ja, viele Bienen liegen jetzt auf der Krankenstation und es geht ihnen sehr schlecht. Wir müssen ihnen helfen. Professor Bummel bittet darum, dass alle Tiere des Waldes heute Abend zur Waldschule kommen sollen. Und ich denke, wir beide sollten Wolli unterstützen. Komm, wir fliegen jetzt im Wald umher, um allen Bescheid zu sagen!"

Emil atmet erleichtert durch. „Warum erzählst du es mir nicht gleich so? Los, dann machen wir uns auf die Socken!"

Der Tag dämmert langsam in den Abend hinein und die untergehende Sonne macht Platz für den Mond.

Die Vögel, die an der Waldschule ihre Nester gebaut hatten, kommen an diesem Abend nicht zur Ruhe, denn laute Stimmen von mehreren Waldtieren verhindern ein behagliches Einschlafen.

Alle sind gespannt, was Professor Bummel, der sich auf einen Baumstumpf gestellt hat, erzählen wird, denn so eine Zusammenkunft hatte es im Wald noch nie gegeben.

Bruno, der Braunbär, stupst Mauli, den Maulwurf, vorsichtig mit der Tatze an und fragt: „Hey, wie hast du denn hierher her gefunden? Du bist ja fast blind und trotzdem hast du es geschafft!"

Mauli schnüffelt mit seiner Nase. „Ach, du bist es, Bruno! Schön, dich zu riechen. Nun, ich sehe zwar fast nichts, aber dafür nehmen meine Haare jedes Geräusch wahr und auf meine Nase kann ich mich hundertprozentig verlassen. Hier, unter dieser Wiese habe ich meine Gänge angelegt und Krach habt ihr ja ausreichend genug gemacht. Da bin ich einfach neugierig geworden, was los ist. Weißt du, um was es hier geht?"

Bruno beugt sich über Mauli und brummelt ihm laut ins Ohr: „Es geht um unsere Bienen!"

„Ach so, die interessieren mich eigentlich wenig. Ich dachte, es geht um Regenwürmer, vor allem,

wo ich viele finden kann. Mit dem Vorrat kann
man nicht zeitig genug anfangen."

Bruno schüttelt mit dem Kopf und erwidert: „Bienen sind bärenmäßig wichtig! Besonders die, die
aus Nektar süßen Honig machen."
Bruno kichert und setzt weiter fort: „Ich sage es
dir im Vertrauen, Mauli: Nachts wandere ich oft-
mals ins Dorf, dort befindet sich nämlich ein Bienenhaus. Dann stibitze ich mir eine Tatze voll Honig. Mhm, der schmeckt so lecker!"
Mauli zieht nachdenklich sein Maul zusammen
und fragt: „Und für was sind die Bienen noch
nützlich? Ich kann in meinem Bau keinen Honig

lagern. Und außerdem hörte ich, dass sie stechen können!"

Bruno verdreht überrascht die Augen und brummt: „Mauli, dann schau dich doch mal um, wie alles blüht und gedeiht!"

„Toll, wie denn? Ich sehe doch nichts!"

„Entschuldige, ich habe vergessen, dass du ja fast blind bist. Ich erkläre es dir: So wie du und ich brauchen auch die Bienen für sich und für ihre Kinder etwas zum Essen, also Nahrung. Klar?"

Mauli nickt mit dem Kopf.

„Ihre Nahrung besteht aus süßem Pflanzensaft, den man Nektar nennt, und Blütenstaub, den man als Pollen bezeichnet. Beides finden die Bienen in den Blüten der Blumen, der Bäume, der Sträucher und anderer Pflanzen."

„Das ist für mich nichts Neues! Die Bienen wissen eben, wo und wie sie sich ernähren können. Ich wühle auch in der Erde, um etwas Fressbares zu finden", sagt Mauli und dreht mit seinem Spaten gleichgültig im Gras.

Waschi, der Waschbär, der neben Bruno steht, und alles mit angehört hat, ruft energisch: „Tja, aber die Biene hilft bei der Nahrungssuche auch der Natur. Sie hat einen entscheidenden Anteil daran, dass alles blüht und wächst. Während die

Biene beispielweise in einer Apfelblüte den Pflanzensaft sucht und sich hin- und herbewegt, bleibt der Blütenstaub am Körper der Biene hängen."

Bruno ergänzt: „Den Blütenstaub benötigen die Bienen besonders für ihre Jungen, damit sie groß werden."

„Ähm, verstehe ich nicht, wieso helfen sie damit der Natur?", entgegnet Mauli.

Vor Ungeduld wackelt Waschi mit dem Schwanz und erklärt: „Mauli, verstehe doch, die Biene fliegt zur nächsten Apfelbaumblüte und berührt dabei mit ihrem Hinterleib die Fruchtblätter. Ein Teil des Blütenstaubes bleibt wiederum hängen und so wird die Blüte befruchtet. Und was entsteht daraus im Herbst?"

Mauli schiebt sein Maul nachdenklich nach vorn. „Ähm, vielleicht ein dicker, fetter Regenwurm?"

Ungeduldig verdreht Waschi seine Augen. „Oh nein, es ist ein Apfel, den ich so gern fresse. Also sind Bienen außerordentlich nützlich und wichtig für die Natur."

Mauli runzelt seine Stirn und knurrt: „Ich fresse aber keine Äpfel, also helfen sie mir nicht."

„Und was ist mit den dicken Würmern, die sich vorher im Apfel satt gefressen haben und die du

mit Vorliebe verspeist?" Bruno schaut erwartungs-
voll Mauli an.

Mauli denkt nach. „Stimmt, manche schmecken
richtig lecker nach Apfelsaft und sind schön dick
geworden. Ja, so betrachtet, hat jeder etwas von
den Bienen."

Professor Bummel hebt einen Arm und ruft: „Seid
doch bitte mal still."

Sofort tritt Ruhe ein und die Tiere schauen erwar-
tungsvoll zu Professor Bummel, der sich räuspert
und mit bewegter Stimme sagt: „Ich danke euch,
dass ihr gekommen seid. Also, ich hätte nie ge-

dacht, dass so viele Tiere aus unserem Wald zu dieser Zusammenkunft kommen."

Hoppsel, der stets witzige Hase, ruft dazwischen: „Na klar, Professorchen, wenn es in unserem Wald Probleme gibt, dann halten wir zusammen. Stimmt's?" Hoppsel schaut in die Runde und alle Waldtiere nicken zustimmend mit dem Kopf.

Dankend hebt Professor Bummel seine Arme und setzt weiter fort: „Also, die Sache ist die: Wie schon im vergangenen Jahr hat der Rothölzer sein Feld mit diesem blauen Wasser besprüht. Vor einem Jahr erkrankten einige Wildbienen."

„Nicht nur die Wildbienen", ruft das Reh Sprüngli dazwischen. „Die Wasserwolke hatte auch unsere Wiese erreicht und das sonst saftige Gras schmeckte widerlich. Mir wurde es ganz schlecht!"

„Und Wildäpfel gab es auch nur ganz wenig", ergänzt Dux, der Dachs.

Professor Bummel nickt verständnisvoll und erklärt weiter: „Dieses Jahr hat Rothölzer sein Feld mit Mais erweitert, sodass es jetzt genau an der Blumenwiese angrenzt. Die Auswirkungen sind schrecklich." Professor Bummel seufzt so laut, dass es alle Tiere hören können. „Ich befürchte, dass viele, viele Bienen sterben!"

Ein lautes Raunen vermischt sich mit dem Wind.

Bruno stampft in die Mitte und mit tiefer Stimme brummt er: „So kann es nicht mehr weitergehen! Natürlich muss sich Rothölzer mit seinen Kindern ernähren, aber es ist auch unser Wald. Die Bienen haben auch Kinder, die Hunger haben. Wir dürfen das so nicht mehr hinnehmen! Verpassen wir dem Rothölzer einen Denkzettel. Er muss lernen, dass er nicht allein in diesem Wald lebt."

Alle klatschen in die Pfoten und rufen: „Richtig so! Lasst uns zu Rothölzer gehen!"

Einige Tiere wollen schon losgehen.

„Nein, nein, so geht das nicht!" Emil hebt seine Flügel aufgeregt nach oben und flattert sie hin und her. „Zuerst müssen wir überlegen, was wir tun können. Dem Rothölzer einen Denkzettel verpassen ist die eine Seite, die andere ist …"

Stunk, das Stinktier, der auf das Dach der Waldschule geklettert war, streckt eine Pfote in die Luft und ruft: „Den Wildbienen muss auf Dauer geholfen werden. Darauf kommt es an!"

Zustimmend nickt Emil mit dem Kopf. „Genau! Wir müssen in Ruhe überlegen, wie wir den Wildbienen helfen können."

Zum ersten Mal an diesem Tag lächelt Professor Bummel und sagt mit zufriedener Stimme: „Kommt, rückt etwas näher zusammen! Natürlich habe ich mir vorher Gedanken gemacht. Also, wir bilden drei Gruppen …“

Hoppsel hat ein Problem

Hoppsel hüpft wütend durch den dunklen Wald und schimpft vor sich hin: „Bis morgen früh, bis morgen früh! Wer soll denn das schaffen? Ich nicht! Ich bin nur ein kleiner Hase, der zwar schnell laufen kann, aber bitte schön, so viel Kraft habe ich ja nun auch nicht!“ Er hält eine Pfote hoch und prüft mit der anderen Pfote seine Muskeln. Enttäuscht zieht er sein Maul in die Breite und keift: „Sag ich doch, alles schlaff. Ich muss mehr Sport machen! Danach können Professor Bummel und Emil mir den Auftrag geben, den Weg zwischen dem Maisfeld und der Blumenwiese so zu verändern, dass er nicht mehr befahren werden kann.“

Nicht, dass Hoppsel nicht helfen will, im Gegenteil, aber musste Professor Bummel ausgerechnet Mauli, den Maulwurf, in seine Gruppe stecken? Und überhaupt, die Gruppeneinteilungen gaben ihm viele Rätsel auf. Interessieren würde es ihn, welche Aufgabe die dritte Gruppe hat. Daraus machte Professor Bummel ein großes Geheimnis. Gewundert hatte es ihn nicht, dass Emil, Bruno und Wolli dieser Gruppe angehören.

Und Hoppsel? Er bekam natürlich Mauli, der kaum im Wald zu sehen ist, weil er ständig unter der Erde Gänge gräbt und dicke Würmer sucht. Der Hase ist davon überzeugt, dass der ganze Wald mal zusammenbricht. Wie soll der Wald sich auch halten, wenn unter der Erde nur große Löcher sind.

Als Hoppsel Mauli fragte, welche Vorstellungen er hat, um die Aufgabe zu lösen, sagte dieser: „Jetzt ist es dunkel, nun sehe ich gar nichts mehr. Ich verkrieche mich lieber in meinen Bau und gönne mir eine Mütze Schlaf."

Immer noch schüttelt Hoppsel verständnislos mit dem Kopf und murmelt vor sich hin: „So ein Faulpelz! Ich sehe ja auch nachts nichts, trotzdem muss ich mir überlegen, wie ich das Problem ins Lot bekomme."

Vor Wut stößt er mit seinem Hinterbein an einen vermeintlichen Stock, der sich aber als eine dicke, feste Wurzel entpuppt.

Mit einem Aufschrei stolpert er darüber und wäre beinahe auf die Nase gefallen, wenn er sich mit den Vorderpfoten nicht abgefangen hätte.

Als er wieder den Kopf nach oben hebt, sieht er, wie zwei glühende Augen ihn beobachten. Vor Schreck duckt er sich hinter einem Strauch und sein Herz fängt wild an zu klopfen.

Schnell hält er sich beide Vorderpfoten ans Maul, um nicht vor Angst loszuschreien.

„Das ist mein Ende! Das ist bestimmt der Waldgeist, der mich in seinen Bau mitnehmen will", bibbert Hoppsel leise vor sich hin. Behutsam lugt er durch den Strauch. Die Augen sind immer noch da. Nichts bewegt sich! Kein Rascheln! Stille! Nur zwei Augen, die genau auf den Strauch gerichtet sind.

Der Hase will gerade vorsichtig den Rückzug antreten, da ertönt ein brummiges „Brrr"!

Vor Schreck fällt Hoppsel auf den Rücken, geradewegs auf einen spitzen Stein und mit einem „Aua!" massiert er sich sein Hinterteil.

Da ertönt es aus dem Dunkeln: „Wer bist du?"

Mit schmerzlicher Stimme erwidert der Hase: „Hoppsel! Und du?" Die Stimme antwortet: „Ich heiße Karl und bin ein Wisent."

Erleichtert atmet Hoppsel tief durch. „Du bist nicht der Waldgeist?"

„Nein", erklärt die Stimme.

„Na, dann ist ja alles klar! Ich kenne zwar keinen Karl und erst recht keinen Wisent, aber wenn es so ist, können wir uns bekannt machen."

Mutig hüpft Hoppsel vor den Strauch und macht sofort große Augen.

„Mann, Mann, Mann, bist du aber groß und kräftig. Wo kommst du denn her?"

Karl macht einen Schritt auf Hoppsel zu und schnüffelt an ihm. „Aha, ein kleiner Hase. Ich komme aus dem Nachbarwald, dort sind auch meine Mama und mein Papa. Na ja, eigentlich hätte ich nicht weglaufen dürfen. Aber ich wollte einfach mal sehen, wie es in diesem Wald ist. Und nun habe ich mich verlaufen."

„Ach, du armes, kleines Kerlchen, hast deine Eltern verloren. Tut mir ja leid!" Hoppsel streichelt Karl, allerdings nur an dem Bein, denn höher kann er den Wisent auf Grund seiner Größe nicht erreichen.

„Kannst du mir helfen, Hoppsel?"

Hoppsel setzt sich vor Karl, führt seine Pfote an sein Maul und überlegt.

„Tja, nachts ist das nicht so einfach. Jeder Baum sieht dann so gleich aus, man kann sich kaum orientieren."

Karl nickt mit dem Kopf und bestätigt: „Ja, mir ging es ja auch so! Aber meine Eltern werden sich große Sorgen machen und mich bestimmt suchen."

„Mhm, wenn es wieder hell wird, kannst du den Weg leicht erkennen. Aber bis dahin müssen wir warten", plappert Hoppsel und kaut dabei gedankenvoll an einem Grashalm. Plötzlich steht er schnell auf, klopft mit der Pfote an Karls Bein und sagt: „Ich habe eine Idee. Du könntest mir helfen!"

„Helfen?" Karl zieht seine Stirn fragend nach oben.

„Na klar, du bist groß, kräftig und kannst bestimmt toll arbeiten."

„Was soll ich denn machen?"

„Och, nicht viel! Nur ein paar Baumstämme auf einen Weg rollen."

„Warum das denn?"

Hoppsel erzählt Karl von den Wildbienen, den Ereignissen auf der Blumenwiese, von der Zusammenkunft der Waldtiere und von dem Versprechen, den Bienen zu helfen.

Geduldig hört Karl zu und als der Hase mit dem Erzählen fertig ist, meint er: „Meine Eltern haben mir auch erklärt, wie wichtig die Bienen für uns Tiere sind. Weißt du, ich fresse auch mit Vorliebe das saftige Gras mit den bunten Blumen. Also, wo sind die Baumstämme?"

Beruhigt atmet Hoppsel durch, denn jetzt kann er den Auftrag von Professor Bummel doch noch erfüllen. Mauli, dieser Taugenichts, wird Augen machen, na ja, soweit dieser halbblinde Maulwurf es überhaupt sehen kann.

Hoppsel führt Karl zu einem großen Stapel von Baumstämmen, der schon ewig im Wald herumliegt. Waldarbeiter hatten diese Bäume vor Jahren gefällt und offensichtlich gerieten sie in Vergessenheit.

Für den Hasen ist es Grund genug, sich ein paar Baumstämme auszuleihen, schließlich ist es ja für eine gute Sache.

„Hier …", Hoppsel zeigt auf die Baumstämme, „... diese kleinen Bäumchen müssen auf den Weg zwischen Maisfeld und Blumenwiese gezogen werden."

Karl sieht skeptisch auf die Bäume. „Und wie soll das gehen? Wir brauchen ein kräftiges Seil, um die Baumstämme anzubinden. Dann kann ich sie ziehen."

Oh nein, denkt der Hase, *immer diese Probleme* und laut sagt er: „Kein Problem, ich hole ein Seil. Warte hier, ich bin gleich zurück."

Hoppsel läuft los, geradewegs zur Wiese an der Waldschule. Dort angekommen stampft er mit seinen Füßen auf der Wiese herum und schreit aus Leibeskräften: „Mauli, Mauli, wach auf und komm heraus!" Unermüdlich wiederholt er die Rufe. Nach zehn Minuten kann er nicht mehr. Aus seinem Maul kommen nur noch krächzende Töne und völlig entkräftet legt er sich flach auf den Boden. Plötzlich spürt er, dass sich etwas unter seinem Rücken bewegt. Kalte Erde bohrt sich in sein Fell. Schnell springt er auf und sieht, wie sich ein Maulwurfshügel auftürmt. Daraus lugt der Kopf von Mauli hervor, der gleich losschimpft: „Was schreist du hier im Wald herum? Du weckst ja alle Tiere auf. Also nein, das kann doch nicht wahr sein. Mitten in der Nacht! Verschwinde, meinen Schlaf habe ich noch nicht beendet!"

Mauli will sich gerade wieder einbuddeln, da ergreift Hoppsel Mauli an beiden Ohren und zieht ihn aus dem Loch.

„So nicht, mein Lieber, so nicht! Wir haben gemeinsam eine Aufgabe übertragen bekommen und ich erwarte, dass du mir jetzt hilfst!"

Mauli blickt den Hasen wütend an und murmelt: „Das können wir doch auch am Tag machen, oder?" Hoppsels Augen blitzen ihn an. „Eben nicht!"

Der Hase erzählt Mauli alles über Karl, den Wisent, und beendet seine Rede mit: „Du nimmst jetzt deinen Spaten, denn es gibt für dich viel zu tun."

Widerwillig nickt Mauli und folgt Hoppsel.

Nach kurzer Zeit sind beide am Haus des Rothölzers angekommen. Vorsichtig schleichen sie sich heran. Hoppsel flüstert Mauli zu: „Wir dürfen keinen Krach machen. So wie es aussieht, schlafen alle." Mauli entgegnet: „Das würde ich jetzt auch!"

Hoppsel stößt Mauli an die Schulter. „Schluss mit dem Gejammer! Also, ich sage dir jetzt, was du zu machen hast. Du schleichst dich an den Schuppen des Rothölzers heran und buddelst dir einen Gang in die Hütte. Dort suchst du dir ein schönes, kräftiges Seil, nimmst den Anfang zwischen deine Zähne und ziehst es durch den Gang. Wenn du wieder draußen bist, ziehen wir es gemeinsam heraus."

Hoppsel fragt: „Ist das klar?" Mauli murmelt ein paar unklare Worte, die wohl zu bedeuten haben: *Immer muss ich die Dreckarbeit machen!*

Zur Überraschung von Hoppsel erkennt er tatsächlich nach wenigen Minuten den kleinen Kopf des Maulwurfs. Mit den Zähnen beißt er auf den Anfang eines Strickes. *„Toll, …",* dachte sich der Hase, *„ … für Erdarbeiten ist Mauli gar nicht mal so schlecht!"*
Schnell springt er hin, nimmt das Seil in die Pfoten und fordert Mauli auf, den Maulwurfshügel zu verlassen.

Hoppsel zieht kräftig am Seil, aber oh Schreck, schon nach einem Meter hatte er den gesamten Strick in den Pfoten.

Ungläubig schaut er darauf und stottert: „Mauli, ist … ist … das alles?"

Der Maulwurf nimmt gelassen seine Schutzbrille ab, knabbert an einem Brillenbügel und entgegnet ruhig: „Du hast mir ja nicht gesagt, wie lang der Strick sein soll. Und übrigens, ich bin ja fast blind, wie soll ich denn erkennen, wie lang das Seil ist?"

Hoppsel setzt sich auf sein Hinterteil. „Möhrenquark und Sauerampfersahne, es war alles umsonst, alles umsonst", flüstert er betreten.

Hoppsel will gerade mit hängendem Kopf den Rückweg antreten, als er gedämpfte Stimmen hört. Schnell verstecken sich Hase und Maulwurf hinter einem Baum.

Aus dem Wald treten Fred, der Kauz, und Stunk, das Stinktier. Unter dem Flügel trägt der Kauz einige Blätter Papier.

„Hey, Fred und Stunk, was wollt ihr denn hier?" Hoppsel geht den beiden entgegen.

Fred führt seinen Flügel an den Schnabel und flüsternd sagt er: „Psst! Wir wollen zu Rothölzer. Aber vorher müssen wir noch in den Schuppen, wir brauchen einige Nägel und einen Hammer."

Mauli meint sofort: „Also ich grabe mich da nicht wieder hindurch!"

Stunk geht an die Schuppentür, macht sich ganz lang, sodass er die Klinke erreichen kann, und öffnet die Tür.

Mauli schaut Hoppsel vorwurfsvoll an und knurrt: „Und ich muss ja unbedingt einen Gang buddeln!"

Hoppsel sieht erstaunt zur Tür und murmelt: „Tschuldigung, das wusste ich doch nicht."

Flink läuft der Hase in den Schuppen und wählt ein langes Seil aus. Nachdem er es sich um den Hals gehängt hat, fällt sein Blick auf ein Verkehrszeichen. Kurzerhand nimmt er es mit und gibt es Mauli.

„Mauli, schleppe das Verkehrszeichen zum Weg an der Blumenwiese. Wir treffen uns dort. Ich muss mich beeilen, Karl wartet auf mich. Und ... ähm, vielleicht fällt dir zu diesem Schild etwas ein!" Entgeistert sieht Mauli das Verkehrsschild an, zuckt mit den Schultern und murrt vor sich hin: „Na klar, die Hauptarbeit muss ich wieder erledigen." Hoppsel winkt noch Fred und Stunk zu und mit schnellen Hüpfern verlässt er das Waldstück des Rothölzers.

Karl sitzt gelangweilt vor dem Baumstapel und überlegt, wie er wohl die Baumstämme herausziehen könnte. Nein, ohne Hilfe ist da nichts zu machen.

Aus weiter Ferne ruft Hoppsel ihm entgegen: „Ich komme schon! Die Aktion Baumstammtransport kann beginnen!"

Karl nickt. „Na, dann mal los! Welchen nehmen wir zuerst?"

Der Rothölzer

Am Abend, als Rothölzer ins Bett geht, hat er schlechte Laune. Seine Tochter, Mirja, lag ihm schon den ganzen Tag in den Ohren und machte ihm Vorwürfe, weil er das blaue Wasser über das Maisfeld gesprüht hatte und der Wind es auch über die Blumenwiese verteilte.

Er versteht sie nicht! Seiner Meinung nach ist es für Bienen völlig ungefährlich, so steht es schließlich auf der Verpackung.

Aber seine Tochter behauptet felsenfest, dass das Mittel die Abwehrkräfte der Bienen schwächt und sie deshalb schnell erkranken können. Und das für die Wildbienen so wichtige Tiergedächtnis wird in Mitleidenschaft gezogen.

So ein Unsinn, Rothölzer nahm noch nie kranke Bienen wahr. Als er auf dem Weg zwischen dem Maisfeld und der Blumenwiese mit seinem Traktor entlangfuhr, hatte er sie doch gesehen, die Bienen, die unermüdlich von einer Blüte zur anderen geflogen sind. Gut, sonderbar war es schon, dass einige Bienen mit weißer Mütze und Sanitätstasche durch die Gegend gesaust sind. Irgendetwas muss passiert sein, aber das kann nicht an seinem blauen Wasser liegen, da ist sich Rothölzer sicher.

Er liegt noch eine Weile mit offenen Augen im Bett, starrt an die Decke und seine Gedanken kreisen noch um den vergangenen Tag. Verächtlich schnauft er tief durch. Mirja ist doch nicht zu bremsen. Ohne sein Wissen vergrößerte sie den kleinen Garten am Haus und legte noch ein Beet an. Aber statt Gemüse anzubauen, verteilte sie Samen für Frühjahrsblumen. Mit Nachdruck meinte sie, dass das unbedingt notwendig sei, weil die Wildbienen schon frühzeitig zur Nahrungssuche ausfliegen.

So ein Mist, gerade diese Fläche wollte er mit Brettern auslegen, um Fässer darauf zu lagern.

Aber sich mit Mirja deswegen anzulegen, ist für Rothölzer nicht ratsam, denn was sie sich einmal in den Kopf gesetzt hat, verteidigt sie bis aufs Letzte. *Na ja, diesen sturen Kopf hat sie bestimmt von mir geerbt*, denkt er mit einem Schmunzeln.

Mit dieser Erkenntnis schläft Rothölzer ein. Im Traum schwirren rotbraune Bienen durch seinen Kopf, die ihm einen unruhigen Schlaf bescheren.

Er wälzt sich im Bett hin und her, schlägt mit den Armen um sich, denn in der Fantasie sieht er einen großen Schwarm Bienen auf sich zukommen. Mit lautem Summen zischen sie an seinem Ohr vorbei und rufen: „Du bist schuldig! Wir sind krank! Wir sind krank!" Mit drohendem Finger folgt Mirja den Bienen und flüstert: „Unsere Bienen sind weg! Wir haben keine Bienen mehr!"

Schweißgebadet wacht Rothölzer auf. Am offenen Fenster werden die Gardinen durch den Wind geisterhaft hin- und herbewegt und das Mondlicht wirft gespenstische Schattenfiguren in den Raum.

Er atmet tief durch und nuschelt vor sich hin: „Ein Glück, es war nur ein Traum! Ein ganz normaler Traum. Nichts ist passiert! Jetzt musst du aber wieder einschlafen, denn am Tag ist noch viel auf dem Feld zu tun."

Er will sich gerade auf die andere Seite legen, da erschallt ein lautes Hämmern im Haus. Sofort schnellt Rothölzer hoch und lauscht. Stille, nur der Fensterflügel knarrt vom Wind bewegt leise vor sich hin.

Er spürt, wie seine Hände anfangen zu zittern. Beruhigend redet er sich ein: „Was ist nur los mit mir? Es ist nichts! Diesen Lärm habe ich nur geträumt. Wer soll schon nachts in mein Haus kommen?"

Er legt sich wieder hin und zieht sich die Bettdecke weit über den Kopf. Die Müdigkeit lässt ihn wieder etwas einschlummern.

Wieder ein Knall, noch einer und noch einer! Alle Wände des Hauses erzittern und Rothölzer hält sich vor Furcht die Ohren zu.

Schnell steigt er aus dem Bett, wirft sich seine Kleidung über und schlüpft in die Schuhe.

Inzwischen ist es wieder still. Rothölzer öffnet vorsichtig die Schlafzimmertür und geht in den Flur. Aus dem Kinderzimmer vernimmt er aufgeregte Stimmen, die von seinen Kindern, Mirja und Moritz, stammen. Er geht hinein. Die Kinder sitzen mit weit aufgeschreckten Augen in ihren Betten und halten ihre Bettdecke fest vor das Gesicht.

Rothölzer flüstert ihnen zu: „Bleibt hier! Ich sehe nach, was los ist!" Die Kinder nicken. Nichts in der Welt hätte sie dazu bewegen können, aus dem Zimmer zu gehen.

Wieder auf dem Flur lauscht Rothölzer in die Dunkelheit hinein. Aus dem Wohnzimmer hört er knisternde Geräusche und leise Stimmen.

„Ihr Diebe, ihr Halunken, ihr Räuber ...", flüstert er mit verärgerter Stimme, „... euch werde ich zeigen, wer hier der Hausherr ist!"

Er tastet sich weiter zur Wohnzimmertür, ergreift einen Stock, der immer für solche Zwecke in der Ecke steht, reißt die Tür auf und schreit: „Was zum Teufel ist hier los?"

Blitzartig bleibt Rothölzer stehen. Sofort fällt ihm eine große Anzahl von Bildern ins Auge, die an die Wand des hell erleuchteten Zimmers genagelt wurden und jeweils eine Biene zeigen. Darüber steht nur kurz: „Krank!"

Erschüttert wankt er einen Schritt zurück und stammelt: „Nein, ich bin nicht schuldig! Ich bin nicht schuldig!"

„Doch, Rothölzer, du hast eine große Schuld auf dich geladen. Hunderte Bienen liegen auf der Krankenstation. Sie können nicht mehr fliegen, keine Nahrung sammeln und ihre Kinder schreien vor Hunger."

Hinter dem Schrank treten Fred und Stunk hervor. Entgeistert schaut Rothölzer zu ihnen, schüttelt mit dem Kopf und schreit: „Ich habe daran keine Schuld! Wie könnt ihr es wagen, in mein Haus einzudringen?" Mit dem Stock drohend nähert er sich den beiden Tieren.

Stunk springt schnell auf einen Hocker und spritzt Rothölzer seine überaus übelriechende Flüssigkeit entgegen.

Rothölzer stolpert zurück, lässt den Stock fallen und reibt sich die Augen, die sofort wie Feuer brennen.

Diesen Augenblick nutzen Fred und Stunk und verschwinden schnell aus dem offenen Fenster in die beginnende Morgendämmerung.

Bedächtig betreten Mirja und Moritz das Wohnzimmer. Moritz hält sich sofort die Nase zu und sagt angeekelt: „Pfui, das stinkt hier aber! Papa hast du etwa …?"

Rothölzer verzieht verärgert das Gesicht und ruft: „Nein, das war ich nicht! Diesen Gestank hat das Stinktier gemacht!"

Mirja zeigt mit dem Finger auf die Wand. „Ich habe es doch gewusst, Papa. Sieh dir diese Bilder an! Die Bienen sind wegen deinem Vernichtungsmittel erkrankt und wenn nicht ein Wunder geschieht, werden sie sterben!"

Schroff dreht sie sich um und wirft die Tür hinter sich zu.

Hilflos steht Rothölzer da und nuschelt vor sich hin: „Ich halte es hier nicht aus. Dieser Mief! Ich muss weg!"

Er verlässt das Zimmer und lässt den verblüfft schauenden Moritz allein zurück.

Rothölzer setzt sich auf seinen Traktor, umfasst fest das Lenkrad und denkt über das Ereignis in der Nacht nach.

Trage ich die Schuld, dass so viele Bienen erkrankt sind? Und, wie Mirja sagt, sie könnten sogar sterben? So geht es nicht weiter! Ich muss eine Lösung finden! Die Blumenwiese, ja, die Blumenwiese muss geschützt werden. Aber wie?

Er startet den Motor und fährt los, in Richtung des Maisfeldes.

Als der Traktor die kleine Anhöhe, die zur Blumenwiese führt, überwindet, muss Rothölzer scharf abbremsen, denn ein Weiterkommen ist nicht möglich. Der Weg zwischen Maisfeld und Blumenwiese ist durch mehrere Baumstämme versperrt.

Über das Gesicht von Rothölzer huscht ein kurzes Lächeln.

Also hier haben die Waldtiere schon die entsprechenden Vorkehrungen getroffen. Gut so, dann benutze ich eben einen anderen Weg, der zwar weiter ist, aber nicht an der Blumenwiese liegt. Und das Maisfeld werde ich verkleinern und die frei werdende Fläche zu einer wilden Wiese wachsen lassen. Da können sich die Bienen tummeln. Nächstes Jahr werde ich eine andere Frucht anbauen. Es muss nicht immer Mais sein! Und dieses blaue Wasser, verflixt, darf ich auch nicht mehr verwenden.

Zufrieden über seine Erkenntnisse wendet Rothölzer den Traktor und fährt wieder zu seinem Haus. All das muss er unbedingt seinen Kindern erzählen

Am anderen Ende des Weges haben Hoppsel, Karl und Mauli mit Genugtuung gesehen, wie der Traktor wieder weggefahren ist.

„Hurra!", ruft Hoppsel, „Wir haben es geschafft! Jetzt können die Bienen in Ruhe ihren Nektar suchen."

„Und das Schild finde ich auch prima", meint Karl.

„Wirklich?" Mauli reckt seinen Hals in die Höhe.

„Hey, Mauli, wie hast du das nur so hinbekommen? Mit deinen blinden Augen hätte ich eher erwartet, dass du statt einer Biene ein Schreckgespenst auf das Schild malst", meint Hoppsel.

„Och, das war gar nicht so schwer. Ich bin zur Krankenstation gewatschelt und dachte mir, dort sehe ich genügend Bienen, die ich abmalen kann."

Entgeistert ruft Hoppsel: „Mitten in der Nacht? Also weißt du, die brauchen doch ihre Ruhe!"

Mauli schüttelt den Kopf. „Eine Biene war putzmunter. Sie heißt Summsel und konnte vor Aufregung nicht schlafen. Ihr habe ich alles über die Zusammenkunft der Waldtiere erzählt. Na ja,

dann habe ich sie abge-
malt und ein Warn-
schild entworfen."
Mauli verzieht etwas
beschämt sein Maul und
setzt weiter fort:
„Summsel meinte, dass

sie nicht gerade sehr vorteilhaft getroffen wurde
und malte ein anderes Bild."
„Habe ich es mir doch gedacht, dass das nicht dein
Werk ist. Trotzdem, das Schild ist sehr gut gelungen. Und aufgebaut hast du es wunderbar." Hoppsel und Karl nicken zufrieden und Mauli ist von
dem Lob ganz gerührt.
Hoppsel, der noch immer auf dem Rücken von
Karl steht, sieht aus weiter Ferne, wie eine Staub-
wolke auf sie zukommt. „Hey, Karl, ich glaube wir
bekommen Besuch!" Zwei kräftige Wisente pre-
schen heran und mit Getöse stoppen sie vor der
Gruppe ihren Lauf.
Karl ruft erfreut: „Mama! Papa!" Und dann senkt
er seine Stimme etwas und sagt: „Nicht böse sein,
aber ich musste hier helfen! Die Wildbienen sind
in großer Gefahr und dieser Weg musste mit
Baumstämmen ausgelegt werden."

Hoppsel und Mauli rufen gemeinsam: „Ohne Karl hätten wir das nie geschafft!"

Versöhnlich sehen die zwei Wisente Karl an und die Wisentmama sagt: „Aber beim nächsten Mal sagst du uns vorher Bescheid."

Hoppsel und Mauli verabschieden sich herzlich von Karl und der Hase flüstert ihm ins Ohr: „Ab jetzt bist du mein Freund! Sollten dich andere Tiere ärgern wollen, dann rufst du mich. Klar?"

Karl entgegnet mit einem Lächeln: „Klar! Mach's gut, Kumpel!"

Die dritte Gruppe

Zum gleichen Zeitpunkt, als Hoppsel und Mauli sich von Karl verabschieden, treffen sich Emil, die Eule, Bruno, der Braunbär, und Wolli, der Bienenjunge, auf der Wiese an der Waldschule. Professor Bummel hatte ihnen einen langen Weg vorausgesagt, also packten sie auf einen kleinen Handwagen etwas Proviant und Wasser.

„Wo nur Professor Bummel bleibt? Wenn ich ihn richtig verstanden habe, wollte er zu unserem

Auftrag noch einige Informationen geben", brummt Bruno noch etwas müde.

„Stimmt, wir wissen ja gar nicht, wohin die Reise gehen soll", ruft Wolli, der aufgeregt über den Köpfen der anderen schwirrt und Ausschau nach dem Professor hält.

Emil ist ebenfalls innerlich aufgewühlt, denn so eine wichtige Aufgabe zu erfüllen, machte ihn schon etwas stolz. Am Abend hatte er noch lange mit seinen Eltern darüber gesprochen, die schließlich einwilligten, dass Emil an dieser Reise teilnehmen darf. Aber nur deshalb, weil es um die Zukunft der Wildbienen in ihrem Wald geht und weil sie darauf hoffen, dass Bruno auf ihn aufpassen wird.

Völlig außer Atem fliegt Professor Bummel heran und stellt sich wieder auf den Baumstumpf.

„Entschuldigung, dass ich so spät komme, aber auf der Krankenstation gab es viel zu tun. Bei vielen Bienen hat sich die Krankheit verschlimmert, umso wichtiger, dass ihr bald losgeht und hoffentlich erfolgreich zurückkommt", begrüßt er die kleine Gruppe.

Wolli fliegt eine kleine Schleife, setzt sich ebenfalls auf den Baumstumpf und fragt: „Herr Professor, wie geht es Summsel?"

Der Professor lächelt. „Summsel hat sich gut erholt und will schon gar nicht mehr im Bett liegen bleiben. Ich habe natürlich nichts davon erzählt, dass du heute unterwegs bist, denn sie würde sofort mitkommen wollen. Trotzdem, sie hatte mir komische Fragen gestellt. Irgendjemand muss ihr etwas erzählt haben." Verständnislos schüttelt er mit dem Kopf.

Emil tritt von einem Bein auf das andere und sagt: „Die Zeit verrinnt, Herr Professor, wir sollten losgehen, oder?"

Professor Bummel nickt. „Richtig! Ich erkläre euch jetzt, worum es geht: Ihr müsst auf eine Insel!"

„Auf eine Insel? Soweit kann ich aber nicht schwimmen, vor allem, wie soll ich denn den Handwagen im Wasser hinter mir herziehen?", murrt Bruno.

„Natürlich könnt ihr nur mit einem Schiff zur Insel fahren", erwidert der Professor und setzt weiter fort: „Die Insel heißt: „Insel der Verlierer".

„So fühle ich mich auch", brummt Bruno.

„Bruno, unterbreche nicht immer Professor Bummel, sonst kommen wir nie von hier weg", tadelt Emil und schaut Bruno vorwurfsvoll an.

„Man wird doch noch seine Meinung sagen dürfen", mault der Bär.

Der Professor seufzt. „Ich weiß, der Auftrag ist nicht leicht zu erfüllen, aber ihr müsst es versuchen. Also: Auf dieser Insel lebt mein Bruder, er ist Doktor und heißt Bieno."

Der Professor macht eine Pause und denkt nach. „Ich weiß noch nicht einmal, ob er noch am Leben ist. Mein Bruder ist Wissenschaftler und hat sich vor allem mit den Krankheiten der Bienen auseinandergesetzt. Sein Ziel ist es immer gewesen, ein Medikament zu entwickeln, welches alle Krankheiten heilt."

„Und ist es ihm gelungen?", fragt Emil.

„Ich weiß es nicht, Emil! Es war mir nie möglich, mit meinem Bruder Kontakt aufzunehmen. Ihr müsst versuchen, diese Arznei, sollte es sie geben, hierher zu bringen."

Wolli fliegt begeistert in die Höhe und ruft: „Was warten wir noch? Los, wir müssen jede Möglichkeit prüfen, es geht um viele Bienen, die dieses Medikament brauchen!"

„Halt, halt, wartet!" Eine Stimme schallt aus dem Wald.

Verwundert drehen sich alle um. Summsel kommt auf sie zugeflogen, die wild mit ihren Flügeln schlägt, um auf sich aufmerksam zu machen.

„Summsel, was willst du hier?", fragt der Professor empört.

„Bitte, Herr Professor, ich möchte auch mit. Ich bin schon ganz gesund. Es geht doch auch um meine Eltern. Nur ich bin daran schuld, dass sie jetzt auf der Krankenstation liegen."

Professor Bummel hebt nachdenklich seine Schultern und atmet tief durch. „Na gut! Zu Kräften bist du ja wieder gekommen. Aber sage, wer hat dir denn von diesem Treffen erzählt?"

Summsel lächelt. „Mauli, der Maulwurf! Die halbe Nacht hat er mit mir geschwatzt."

Wolli umarmt Summsel und meint: „Schön, dass du da bist."

Professor Bummel wendet sich an die kleine Gruppe und sagt: „Ich wünsche euch viel Glück und kommt gesund zurück. Ich muss wieder in die Krankenstation."

Emil, Summsel und Wolli setzen sich auf den kleinen Handwagen. Mit einem Strick um den Hals, an dem der Wagen befestigt ist, trabt Bruno los und ruft: „Los geht's, auf die Insel!"

Am Meer

Zehn Minuten später, nachdem Bruno mit dem Handwagen durch den Wald geeilt ist, fragt Emil: „Hey, Bruno, weißt du denn eigentlich in welche Richtung wir gehen müssen?"

„Na klar!", antwortet Bruno. „Ins Dorf, da steht ein Bienenhaus. Da holen wir uns erst mal einen schönen Topf Honig. Hm, der schmeckt so lecker!"

„Nein!", rufen alle im Chor. Und Wolli ergänzt: „Bruno, wir müssen auf eine Insel, und diese Insel ist im Meer. Deshalb müssen wir geradewegs nach Süden."

„Na, wenn du meinst, dann laufe ich eben nach Süden. Aber eins kann ich euch versprechen, auf dem Rückweg nehmen wir einen Abstecher über das Dorf. " Nach einer kurzen Überlegung grunzt Bruno froh in sich hinein und und sagt: „Natürlich habe ich für mich in meinem Proviantbeutel ein kleines Töpfchen Honig eingepackt. Den hebe ich mir für einen besonderen Anlass auf."

Inzwischen ist die Sonne aufgegangen und strahlt in vollem Glanz auf die bunt gemischte Wandergruppe herab. Den Wald hatten sie längst verlassen, als sie an großen Maisfeldern vorbeikommen. Große Traktoren ziehen Anhänger, aus denen dunkelblaues Wasser versprüht wird. Das Gift dringt in die Pflanzen und in die Erde ein.

Besorgt schauen Summsel und Wolli dem Treiben zu. Emil öffnet leicht seinen linken Flügel und fordert beide auf, darunter Schutz zu suchen. Schnell huschen sie hinein und bedanken sich durch ein freundliches Nicken mit ihren Köpfchen.

„So etwas wird es bei uns im Wald in Zukunft nicht mehr geben, das verspreche ich euch", sagt Emil mit beruhigender Stimme und drückt Summsel und Wolli sanft an sein Federkleid.

Nach einer weiteren Stunde spüren sie, dass der Wind rauer wird und kräftig um ihre Nasen wedelt.

„Ich rieche das Meer! Geht es euch auch so?", fragt Bruno.

Emil hebt schnuppernd den Schnabel und bestätigt: „Hm, die Luft ist salzig und riecht nach Seetang. Wir sind bald am Ziel!"

Tatsächlich, die Tiere hören bald die an das Ufer plätschernden Wellen und vor ihnen eröffnet sich ein breiter, weißer Strand. Bruno lässt den Wagen los, läuft mit schnellen Schritten ans Meer, tapst frohgelaunt ins Wasser und ruft: „Das Meer, das Meer! Endlich sehe ich einmal das Meer!"

Auch Emil, Summsel und Wolli hatten noch nie das Meer gesehen und sind von der Größe und Schönheit tief beeindruckt.

Bruno setzt sich in den Sand und fordert die anderen auf, das Gleiche zu tun. „Jetzt machen wir eine

Pause und nehmen uns den Proviant vor", entscheidet er.

Kaum hatten sie die ersten Bissen hinuntergeschlungen, sehen sie einen großen weißen Vogel mit breiten Schwingen auf sie zufliegen. Immer mehr verringert er seine Flughöhe und setzt zur Landung an.

Summsel schreit auf: „Der kommt genau auf uns zu! Wenn der so weiterfliegt, gibt es einen Zusammenstoß!"

Emil ergänzt: „Das wird nie etwas! Rettet euch!"

Wolli läuft weg. Emil und Summsel fliegen vor Schreck in die Luft. Nur Bruno staunt über die Aufregung und bleibt gelassen im Sand sitzen.

Der große Vogel kommt immer näher und ruft: „Vorsicht! Oh Mann, immer diese Hindernisse. Was will denn der Dicke da? Hier ist meine Landebaaaaaaahn!" Er stößt mit Wucht gegen den Handwagen, sodass der Rucksack im hohen Bogen herausfällt, und mit Holter und Gepolter kommt er genau vor Bruno zum Stehen.

Der weiße Vogel meckert gleich los: „Hey, was sitzt du hier in der Gegend rum? Ich hätte dich beinahe überrollt!"

„Also mir scheint, du musst erst mal Landemanöver üben. Das war nicht die blanke Sahne",

brummt Bruno und lässt durch seine Tatzen den
Sand rieseln.

Inzwischen sind Emil, Summsel und Wolli zu-
rückgekehrt und mustern den Vogel neugierig.
Dieser lässt sich von der Bemerkung des Braunbä-
ren nicht beeindrucken.
„Üben? Ein Albatros landet immer so! Ich heiße
übrigens Albi. Woher kommt ihr?"
Die vier Tiere stellen sich ebenfalls vor und erklä-
ren Albi, warum sie ans Meer gewandert sind.
Albi macht große Augen. „Was, ihr wollt auf die
Insel der Verlierer? Da kann ich nur abraten.

Freiwillig geht dort keiner hin, das könnt ihr mir glauben."

„Warst du denn schon einmal dort?", fragt Emil.

„Na klar! Und ich sage euch, nie wieder fliege ich auf die Insel!" Albi setzt einen entschlossenen Gesichtsausdruck auf.

„Aber wir müssen dorthin. Wir müssen die Wildbienen unseres Waldes retten", sagt Summsel mit trauriger Stimme und ergänzt: „... und meine Eltern."

Albi reckt den Schnabel in die Luft und entgegnet: „Na, wenn ihr müsst! Aber sagt nicht, ich hätte euch nicht gewarnt!"

Emil rückt etwas näher an Albi heran. „Albi, das Problem ist, wie kommen wir auf diese Insel? So weit können wir weder fliegen noch schwimmen. Wir brauchen ein Schiff. Kannst du uns helfen?"

Albi schließt für Sekunden die Augen, murmelt etwas vor sich hin und sagt laut: „Hier gibt es nur ein Schiff, den Kutter von Käpt'n Prisewind."

Alle vier rufen gleichzeitig: „Wo finden wir Käpt'n Prisewind?"

„Am Kai! Aber da gibt es ein Problem, Käpt'n Prisewind wird euch nicht dorthin schippern."

Bruno steht auf, klopft die Tatzen aneinander, sodass der Sand herabrieselt, stupst leicht Albi an

71

und brummelt: „Nun zeig uns mal, wo der Kai liegt. Und jetzt bin ich gespannt, wie du nach der tollen Landung starten kannst."

Albi watschelt zehn Meter zurück und ruft: „Geht beiseite! Jetzt komme ich!"

Albi rennt los, stolpert über einen Stein, rammelt fast an den kleinen Handwagen und nach fünfzehn Metern fährt er seine Schwingen aus und erhebt sich in die Lüfte.

Bruno schüttelt mit dem Kopf. „Emil, kannst du Albi nicht mal zeigen, wie man richtig fliegt?"

Emil grinst. „Lieber nicht, sonst gewöhne ich mir noch seinen Stil an. Los, verfolgen wir ihn!"

Am Kai liegt tatsächlich nur ein Schiff, welches allerdings nicht gerade sehr vertrauenswürdig aussieht. Etwas Farbe würde dem Kahn gut tun und der Mast wird wohl den nächsten Sturm nicht überstehen. Skeptisch betrachten die Tiere den Kutter.

„Ob dieses Schiff überhaupt noch zur See fahren kann?", fragt Wolli misstrauisch und fliegt gleich eine Runde. Als er zurückkehrt meint er zweifelnd: „Das Beste auf dem Kutter ist der Rettungsring."

Bruno sieht das nicht so problematisch. „Na, wenigstens etwas! Ein guter Rettungsring ist beim Untergehen des Schiffes viel wert."

„Ja, aber es gibt nur einen Rettungsring. Und was machen die anderen? Und ich wette, in der Not beansprucht Käpt'n Prisewind ihn für sich allein.", sagt Emil und schüttelt vor Unbehagen sein Gefieder.

Plötzlich hören die Tiere eine tiefe Bassstimme: „Habt ihr etwa gegen mein Schiff etwas auszusetzen? Meine Jolante trotzt jedem Sturm! Beim Klabautermann, das sage ich euch, so wahr ich Käpt'n Prisewind heiße!"

Ein alter Seemann mit einer Kapitänsmütze auf dem Kopf und einer Tabakspfeife im Mund steht vor ihnen.

Aus der Luft schreit Albi: „Käpt'n Prisewind, die wollen doch wirklich zur Insel der Verlierer. Ich habe die vier gewarnt, aber auf mich hört ja keiner!"

Käpt'n Prisewind kratzt sich am Bart.

„Insel der Verlierer?" Erstaunt sieht er alle an. Dann dröhnt ein kräftiges Lachen in den Ohren von Bruno, Emil, Summsel und Wolli. „Wie wollt ihr denn dahin kommen?"

73

Emil traut sich als Erster zu sprechen: „Wir dachten mit deinem Schiff!"

Käpt'n Prisewind lacht noch lauter und haut sich vor Vergnügen auf die Schenkel. Glucksend wiederholt er: „Mit meinem Schiff! Mit meinem Schiff! Ich hätte nie gedacht, dass ich heute so viel Spaß haben würde."

Bruno schmatzt nachdenklich mit dem Maul und mit fester Stimme entgegnet er: „Eigentlich wollte ich es vermeiden, aber wenn es nicht anders geht, muss ich eben zum Äußersten greifen."

Er tapst zum Poller, an dem der Kutter mit einem starken Seil festgemacht ist. Es bereitet ihm gar keine Mühe, den Strick zu lösen und festzuhalten.

Mit erschrockenen Augen ruft Käpt'n Prisewind: „Hey, was soll das? Du kannst doch nicht meine Jolante losmachen!"

Bruno zwinkert den anderen zu und fragt gelassen: „Also Käpt'n, fährst du uns zur Insel oder nicht? Wenn nicht, dann lass ich Jolante los und du musst deinem Schiff hinterherschwimmen."

Prisewind winkt mit einer Hand ab. „Das kann doch nicht wahr sein! Das hat selbst der Klabautermann noch nicht erlebt. Los steigt auf, ich bringe euch zur Insel der Verlierer."

Albi, der aus der Luft alles beobachtet hat, staunt über die Entscheidung von Käptn' Prisewind. *Das wird bestimmt ein Abenteuer, da darf ich nicht fehlen,* denkt er überzeugt und nimmt Kurs auf das Heck des Schiffes. Aber wieder verläuft die Landung alles andere als gut. Mit dem Kopf stößt er sich an einer Kiste und verheddert sich mit den Beinen an herumliegenden Seilen. Mit Schmerzen krächzt er den anderen zu: „Schiff, ahoi!"

Eine stürmische Überfahrt

Käpt'n Prisewind steuert seine Jolante geschickt auf die hohe See. Unentwegt pafft er an seiner Tabakpfeife und der Qualm vermischt sich schnell mit dem immer mehr aufkommenden Wind. Grübelnd schaut er zum Horizont. Dunkle Wolken haben sich aufgetürmt und der Käpt'n ahnt sofort, dass sie nichts Gutes bedeuten.

Mit einem Blick auf den Braunbär meint Prisewind: „Es könnte ungemütlich werden. Dort …", er zeigt mit der Hand in die Ferne, „… braut sich etwas zusammen."

Bruno macht große Augen und fragt ängstlich: „Wird das Schiff untergehen?" „Pah, meine Jolante und ich haben schon viele Stürme überlebt, da ist es sogar dem Klabautermann übel geworden."

Und wie auf Kommando, als hätte der Käpt'n zu viel versprochen, stottert der Schiffsmotor und droht zu verstummen.

„Hier, Bruno, übernehme das Steuerrad. Ich schätze, der Motor braucht mal wieder etwas Öl", knurrt Käpt'n Prisewind.

Bruno sieht erstaunt den Käpt'n an und fragt: „Hey, wohin soll ich denn die Schaluppe steuern?"

„Na, siehst du nicht den braunen und grünen Streifen in der Ferne? Dort ist die Insel der Verlierer."

Emil, der hinter den beiden auf einer Stange sitzt und unter seinen Flügeln Summsel und Wolli sorgsam beschützt, hatte diese Streifen längst gesehen. Er stutzt! „Käpt'n Prisewind, sind das etwa zwei Inseln?" ruft er nach vorn.

Prisewind dreht sich um und nickt. „Ja klar! Der braune Streifen ist die Insel der Verlierer. Daneben liegt eine kleine Insel. Meines Wissens ist sie unbewohnt. Mit einem Schiff kann man dort auch nicht anlegen. Überall nur schroffe Felsen."

Bruno hält energisch das Steuer mit seinen Tatzen fest und brummt: „Dann halte ich mal Kurs auf den braunen Streifen!"

Käpt'n Prisewind geht unter das Deck, um nach dem Motor zu sehen, der jetzt nur noch in kurzen Abständen tuckert.

Das Meer bewegt sich immer wilder. Jetzt schlagen schon kleine Wellen über die Reling und weiß schaumiges Wasser überschwemmt das Deck.

Emil hat Mühe, sich auf der Stange zu halten, denn der Kutter bewegt sich wie auf einer Wippe, einmal hoch, dann wieder runter. Mit Unbehagen schauen Summsel und Wolli hinter seinen Flügeln hervor.

Albi hält sich krampfhaft an einer Kiste fest und es ist zu befürchten, dass sein Frühstück, ein wunderschöner, fetter Hering, aus seinem Schnabel wieder herauskommt.

Er stöhnt: „Ich bin verrückt gewesen, dass ich mich auf diesen Schlamassel eingelassen habe." Sein Hals wird immer länger und ein Rülpser verlässt seinen Schnabel. „Hick! Oh nein, mir ist so schlecht. Wäre ich doch nur zu Hause geblieben!"

Plötzlich macht der Kutter einen Satz nach vorn. Offensichtlich wurde der Schiffsmotor vom Käpt'n auf volle Kraft geschaltet.

„Hoppla, hey, was ist denn das? Wir wollen doch nicht mit dem Kahn fliegen", ereifert sich Bruno und reißt vor Schreck das Ruder herum. Nun gibt es kein Halten mehr! Emil rutscht mit Summsel und Wolli gegen die Kombüse und Albi wäre beinah über die Reling geschlittert. Am schlimmsten erwischt es jedoch Käpt'n Prisewind! Als er gerade aus dem Motorraum steigt und einen Fuß auf das Deck setzt, fällt er durch die plötzliche Richtungsänderung auf den Rücken und prallt mit voller Wucht gegen den Schiffsmast. Sein Schmerzensschrei ist lauter als das Meeresgetöse. Alle schauen besorgt zum Käpt'n. Dieser greift sich mit einer Hand an den Rücken und ruft gequält: „Beim Neptun, ich kann nicht mehr aufstehen!"

Entsetzt fragt Albi: „Und wer soll das Schiff steuern?"

Alle, einschließlich Prisewind, sehen auf Bruno, der sofort mit einer Tatze hin- und herwedelt und eindringlich gegen den Wind schreit: „Nein, nein, das könnt ihr mit mir nicht machen. Ich bin kein Seemann, ich bin nur ein kleiner, niedlicher Bär und fresse für mein Leben gern Honig."

Der Käpt'n schüttelt missmutig mit dem Kopf. „Honig, den habe ich vor Jahren zuletzt gegessen. Es gibt keinen Honig mehr. Nicht, seitdem auf der Insel der Verlierer das Chaos ausgebrochen ist", krächzt er mit schmerzerfülltem Gesicht. Mit letzter Kraft zieht er sich am Mast etwas hoch, sodass er zum Sitzen kommt.

„Also, du kleiner Teddybär, rede kein Seemannsgarn. Du steuerst jetzt die Jolante nach meinen Anweisungen. Wer soll es denn sonst tun? Vielleicht Albi? Da können wir uns ja gleich als Fischfutter ins Meer stürzen!"

Albi wendet sich beleidigt ab und flüstert unverständliche Laute aus seinem Schnabel, was wohl bedeuten soll, dass Albatrosse die besten Seevögel weit und breit sind.

Widerwillig nickt Bruno mit dem Kopf. „Ay, ay, Käpt'n! Was soll ich tun?"

Prisewind runzelt die Stirn, schaut missmutig über das Meer und meint: „Unser Kurs ist vollkommen im Eimer. Steuer scharf Backbord!"

Bruno dreht das Rad schnell nach rechts. Sofort schreien alle durcheinander. „Wir fahren wieder zurück!" „Das ist die falsche Richtung!" „Backbord heißt links!"

Obwohl Brunos Pelz vom Sturm völlig durchnässt ist, spürt er, wie sich auf seiner Stirn Schweißperlen bilden.

Bruno korrigiert den Kurs und Prisewind nickt zufrieden mit dem Kopf. „So, und jetzt etwas Steuerbord. Seht, die Insel kommt immer näher."

Der Braunbär steuert immer weiter geradeaus.

„Steuerbord habe ich gesagt! Steuerbord!", ruft der Käpt'n und wedelt mit seinem Arm nach rechts.

Albi zieht schmollend seinen Schnabel nach oben und zischt: „Sag ich doch, aus dem Bär wird nie ein Seemann! Ich hätte das mit Leichtigkeit hinbekommen."

Alle auf der Jolante stellen mit Genugtuung fest, dass sich der Sturm gelegt hat. Vor ihnen sehen sie die Insel der Verlierer.

„Hey, Käpt'n, ich glaube, wir sind jetzt zu schnell. Wenn die Geschwindigkeit nicht gedrosselt wird, können wir diese Nussschale gleich als Auto benutzen und auf der Insel weiterfahren", sagt Bruno und schaut nervös auf das Armaturenbrett.

„Zum Teufel aber auch, da hast du Landratte völlig recht! Schiebe den schwarzen Hebel auf „Mittlere Kraft", ruft Prisewind.

Emil klopft Bruno anerkennend an sein Bein. Nur Albi rümpft den Schnabel und murmelt: „Anfängerglück! Wetten, beim Anlegen fliegen wir alle durcheinander!"

Aber Bruno ist jetzt in seinem Element. Vor sich sieht er die Anlegestelle und ohne Aufforderung des Käpt'n legt er den Hebel auf „Stopp". Die Jolante schwimmt langsam auf den Hafen zu und legt am Kai an. Prisewind, Emil, Summsel und Wolli rufen glücklich: „Ahoi, es ist geschafft!"

„Los, Albi, schnappe dir das Seil und mache das Schiff fest!" Prisewind zeigt auf den Poller am Kai.

Wütend tapst Albi an Land und schimpft: „Na klar, die schwere Arbeit muss ich erledigen!"

Emil, Bruno, Summsel und Wolli beeilen sich, an Land zu kommen. Sie müssen Doktor Bieno suchen, denn die Bienen warten auf das Medikament.

Vorher erklären sie Käpt'n Prisewind, was sie auf der Insel der Verlierer vorhaben. Der winkt nur ab und knurrt: „Beeilt euch! Nach einer bösen Reise tut Ruhe gut. Ich werde jetzt erst mal meinen Rücken pflegen."

Bruno kramt im Rucksack und holt einen kleinen Topf hervor. Etwas zögernd reicht er ihn dem Käpt'n Prisewind und sagt: „Das ist Bienenhonig!

Ich gebe ihn dir, weil du uns hierher gebracht hast. Davon gehen die Schmerzen schnell weg."
Prisewind macht große Augen, brummt ein „Dankeschön!" und „So etwas Seltenes!" und humpelt zur Kombüse.
Albi beobachtet aus einiger Entfernung das Gespräch und da er nicht versteht, um was es geht, vermutet er natürlich, dass die Tiere auf der Insel einen Schatz suchen. „Da werde ich mich heimlich dranhängen", flüstert er geheimnisvoll.

Menschliche Bienen

Nachdem die kleine Gruppe die Anlegestelle verlassen hat, durchwandern sie eine Obstplantage. Die Bäume stehen voll in Blüte und ein angenehmer süßer Duft bereichert die Luft. Summsel und Wolli wirbeln neugierig von einem Baum zum anderen.
„Das gibt es doch nicht!", ruft Summsel Wolli zu, der sich gerade auf eine Blüte setzt und diese aufmerksam betrachtet.
Wolli nickt. „Ich weiß, was du meinst! Nirgends kann man eine Biene entdecken."

Auch Emil und Bruno ist es aufgefallen, denn kein Summen und Sausen ist zu hören, was sonst bei so vielen Bäumen, die voll in der Blüte stehen, üblich ist.

„Hier stimmt etwas nicht", brummt Bruno. Er sieht auf einen Ast, schüttelt mit dem Kopf und setzt weiter fort: „Dabei habe ich gehofft, ein Bienenhaus zu entdecken. Aber das kann ich wohl vergessen."

„Da vorn ...", Emil zeigt mit dem Flügel nach links, „... sind Menschen. Komisch, sie sind auf die Bäume geklettert. Wir gehen dorthin und fragen, ob sie Doktor Bieno kennen."

Tatsächlich, auf dem Ast eines Apfelbaumes steht eine Frau und betupft mit einem Wedel die Blüten.

Emil fliegt zu ihr hoch und ruft: „Hallo, gute Frau, was macht ihr mit den Bäumen?"

Verblüfft sieht sie Emil an, dann Summsel und Wolli und vor Schreck hält sie sich eine Hand vor den Mund.

„Oh nein, dass ich das noch erleben darf. Zwei Bienen!"

Zu Emil gewandt ruft sie: „Ich habe ohnehin Pause, ich komme runter. Also nein, unfassbar, zwei Bienen, das will ich mir nicht entgehen lassen!"

Gemeinsam setzen sie sich in einen Kreis an den Stamm des Apfelbaumes. Sorgsam stellt die Frau ein Glas mit Blütenpollen ab und legt einen langen Stock, an dem ein Federwedel hängt, daneben.

Sie lächelt die Tiere an. „Ich heiße Li-Ming. Wer seid ihr und woher kommt ihr?"

Emil stellt Li-Ming alle vor und erzählt ihr, warum sie auf diese Insel gekommen sind.

Li-Ming zieht ihre Stirn in Falten und atmet tief aus: „Ja, das kenne ich gut. Ihr seht ja, bei uns gibt es seit einem Jahr keine Bienen mehr. Alle sind gestorben. Es ist so traurig."

Summsel flattert nervös mit ihren Flügeln und fragt: „Was ist passiert?"

„Der Besitzer der Plantagen wies im vergangenen Jahr an, dass alle Obstbäume mit einem höchst gif-

tigen Mittel bespritzt werden, um die Schädlinge, die die Obstbäume krank machen, zu vernichten. Vor zwei Jahren fiel die Hälfte der Ernte deswegen aus. Das machte den Besitzer wütend. Ohne die Folgen zu beachten, wurde überall nur noch Gift versprüht."

„Und das haben die Bienen nicht überlebt, nicht wahr?", fragt Bruno und setzt Summsel und Wolli auf seinen Schoß, so, als müsste er sie beschützen.

Li-Ming nickt. „Ja, nicht nur die Schädlinge wurden getötet, sondern auch die Bienen. Seitdem habe ich keine Biene mehr gesehen, nur einige Wespen."

Emil betrachtet das Glas mit den Blütenpollen, zeigt darauf und meint: „Und jetzt müssen die Bäume auf diese Art und Weise bestäubt werden?"

Li-Ming seufzt. „Ja, eine mühselige Arbeit. Aber ich muss für meine Familie Geld verdienen, uns bleibt nichts anderes übrig. Da drüben ...", sie zeigt auf einen anderen Baum, „... ist mein Mann. Wir sind sozusagen menschliche Bienen!" Li-Ming sieht Summsel und Wolli traurig an und erzählt weiter: „Es ist ein großer Irrtum, wenn man glaubt, dass Menschen die Arbeit der Bienen übernehmen können. Bienen sind unersetzlich."

Wolli sieht in das Glas. „Hey, das sind ja viele Blütenpollen. Woher hast du sie?"

„Bevor wir mit der Bestäubung beginnen können, sammeln wir von den Apfelbäumen eine große Menge an Blüten. Mit einer Zahnbürste kratzen wir die Pollen aus der Blüte heraus und trocknen sie.", antwortet Li-Ming. Sie hebt den Stock hoch. „An diesem Stock befestigen wir aus Hühnerfedern einen Wedel. Den tauchen wir in das Glas mit Pollen und betupfen damit die Blüte. So ist sie bestäubt und ein schöner Apfel kann wachsen."

„So habe ich das Mauli auch erklärt", verkündet Bruno. Li-Ming sieht ihn fragend an. Der winkt ab und erklärt: „Mauli ist der Maulwurf in unserem Wald. Den musste ich doch wirklich darüber aufklären, welchen Nutzen unsere Bienen haben, indem sie durch ihre Nahrungssuche so ganz nebenbei die Blüten befruchten."

Emil tapst aufgeregt von einem Bein auf das andere und fragt: „Li-Ming, hast du schon mal etwas von einem Doktor Bieno gehört?"

Li-Ming lächelt. „Klar, Doktor Bieno kennt hier jeder auf der Insel."

„Wirklich?" Wolli macht vor lauter Freude einen Hüpfer.

„Oh, ja! Doktor Bieno setzte sich sehr für die Wildbienen ein. Eindringlich warnte er über die Folgen, wenn die Obstplantagen mit diesem Gift besprüht werden. Aber nur wenige glaubten ihm."

„Li-Ming, wo können wir Doktor Bieno finden?", fragt Summsel.

„Das weiß ich nicht. Ich bin mir nicht sicher, ob er überhaupt noch lebt. So viele Bienen mussten sterben."

Bedrückt senken die Waldtiere ihren Kopf. Was ist, wenn ihre Reise völlig umsonst war? Jeder denkt in diesem Moment an die vielen kranken Bienen, die auf Hilfe hoffen.

Mit Tränen in den Augen schluchzt Summsel: „Meine Eltern, sie werden sterben und nur durch meine Schuld!" Wolli streichelt Summsel über ihren Kopf.

Auch Li-Ming sieht bekümmert in die Runde. „Es tut mir leid! Ich kann euch nur bestätigen, dass Doktor Bieno auf der Insel einen sehr guten Ruf hatte. Ach ja, aus diesem Grund hat man ihm auch ein Denkmal gesetzt. Es steht hier in der Nähe, gleich hinter dieser Plantage. So, jetzt muss ich aber weiterarbeiten. Es war schön, euch kennen-gelernt zu haben."

Li-Ming erklärt den Tieren, wie sie das Denkmal finden können und steigt wieder auf den Apfelbaum.

Die Entführung

Auf einer wild wachsenden Wiese, direkt unter einem Baum, steht das Denkmal zu Ehren von Doktor Bieno.

Jeder in seinen eigenen Gedanken versunken, stehen Summsel, Wolli, Bruno und Emil davor.

Summsel stupst Wolli an und sagt traurig: „Komm, fliegen wir etwas in der Gegend rum. Ich muss auf andere Gedanken kommen." Der Bär ruft ihnen hinterher: „Fliegt nicht so weit weg!"

Mutlos sieht Emil Bruno an. „Was machen wir jetzt? Ich glaube nicht, dass wir Doktor Bieno finden werden."

Bruno schlägt seine Augen nieder und überlegt. „Ja, die Lage ist hoffnungslos. Uns bleibt nichts anderes übrig, als zum Schiff zurückzukehren. Professor Bummel müssen wir leider sagen, dass sein Bruder nicht mehr am Leben ist."

Doktor
Bieno

Es sind die Kleinsten,
die unsere Welt am
Laufen halten!
Biologe
Edward O. Wilson

Als Emil und Bruno sich auf den Rückweg aufmachen wollen, hören sie aus der Entfernung Schreie. Bruno hält Emil am Flügel fest und sagt: „Das waren Summsel und Wolli. Sieh nach, Emil, es muss etwas passiert sein!"

Emil erhebt sich sofort in die Lüfte. Zunächst kann er nichts erkennen, denn es kommt plötzlich Nebel auf, der Emil die Sicht versperrt. Aus Leibeskräften ruft er die Namen der zwei Bienen. Emil fliegt eine Schleife über die Wiese, um sich besser zu orientieren. Jetzt hört er seinen Namen, wenn auch schwach, aber es war deutlich: „Emil!". Dank seines scharfen Gehörs kann er jetzt auch die Richtung bestimmen. Er fliegt nach links, die Bäume unter ihm brausen vorbei und schon hat er die Küste der Insel erreicht. Er hört das Rauschen des Meeres. Emil durchstößt eine Nebelwolke und späht nach allen Seiten. Weit vor ihm sieht er eine Gruppe von Wespen, die auf eine kleine Insel zusteuern. Gemeinsam tragen sie einen kleinen Käfig und darin zappeln … Summsel und Wolli. Im steilen Flug verschwinden die Wespen hinter einem Felsen, unsichtbar und nicht mehr erreichbar für Emil. Er dreht um.

Völlig außer Atem landet er wieder bei Bruno, der sofort aufgeregt fragt: „Wo sind Summsel und Wolli?"

Emil lässt die Flügel hängen und bekümmert sagt er: „Wespen haben sie entführt."

„Wespen?"

Emil nickt. „Erinnerst du dich? Käpt'n Prisewind hat eine zweite Insel erwähnt, gleich neben der Insel der Verlierer."

„Ja klar, der grüne Streifen!"

„Bruno, wir müssen auf diese Insel!"

Der Bär stampft wütend mit einem Fuß auf und sagt: „Ohne Summsel und Wolli kehren wir nicht in unseren Wald zurück. Wir werden sie befreien!"

Bruno geht zum Denkmal für Doktor Bieno, zeigt auf die Rückseite und meint: „Sieh mal, Emil, was hier eingeritzt wurde!"

Emil liest halblaut vor: „Der Lohn für all die Müh'n, heißt letztlich nur noch grün!"

Grübelnd zieht er sein Gefieder zusammen und dann stupst er sich mit dem Flügel an den Kopf. „Das ist es! So etwas ahnte ich, als ich die kleine Insel vor mir sah. Komm Bruno, wir haben keine Zeit zu verlieren!"

Die grüne Insel

Emil und Bruno haben die Küste erreicht. Auf der gegenüberliegenden Seite erblicken sie eine Insel, deren Felsen gebieterisch in die Höhe ragen. So wie es Käpt'n Prisewind bereits sagte, kann dort kein Schiff anlegen, es würde unweigerlich an den Klippen zerschellen.

Ratlos stehen sie am Ufer.

„Eigentlich ein Katzensprung bis dorthin. Also, Emil, du kannst fliegen und ich kann schwimmen. Auf was warten wir noch?", brummt Bruno und tappst ins Wasser, wirft sich mit Tumult in die Fluten und schwimmt los. Emil ist von so viel Mut begeistert. Mit einem Lächeln fliegt er genau dorthin, wo vor seinen Augen die Wespen mit Summsel und Wolli verschwanden.

Gemeinsam erklimmen sie eine Anhöhe und oben angekommen verharren sie erstaunt vor dem, was sie sehen. Vor ihnen erstrahlt ein grünes Tal mit üppigen Wiesen, auf denen bunte Blumen in der Abendsonne leuchten.

„Wow, ist das schön hier!", ruft Emil begeistert.

Der Bär nickt ebenfalls anerkennend und murmelt: „Wahrhaftig, ein richtiges Paradies.

Dort …“, Bruno zeigt auf eine kleine Gruppe von Bäumen, „… scheint etwas zu sein. Wenn ich nicht irre, ist da ein Kreuz. Komm, lass uns nachschauen!“

Als sie dort ankommen, bleiben sie überrascht stehen. In einer vermeintlich nicht endenden Reihe sehen sie Gräber, jedes mit dem Bild einer Biene an dem Kreuz. Hier wurde ein Friedhof für die verstorbenen Bienen angelegt.

Vor Unbehagen schüttelt Emil sein Gefieder. „So viele Bienen mussten sterben und nur, weil die Menschen es nicht wahrhaben wollen, wie wichtig die Wildbienen für die Natur sind. Ist das nicht traurig, Bruno?"

„Ja, du hast recht. Eigentlich ist es doch so: Die Wildbienen kommen ohne die Menschen klar, aber die Menschen nicht ohne die Wildbienen. Aber wo sind Summsel und Wolli? Auf einem Friedhof mit Sicherheit nicht", brummelt Bruno und schaut sich interessiert um.

Emil rümpft nachdenklich den Schnabel und meint schließlich: „Ich habe das Gefühl, dass wir hier gar nicht mal so falsch sind. Dort hinten, ganz am Schluss des Friedhofes …", er zeigt mit dem Flügel auf eine leuchtende Stelle, „… könnte etwas mehr sein, als zu vermuten ist. Weißt du, ich überlege ständig, warum Wespen unsere zwei Bienen von der Insel der Verlierer entführen und sie hierher bringen. Das muss einen Grund haben!"

„Hey, dann prüfen wir doch mal, was sich dort verbirgt", knurrt Bruno und stiefelt mit kräftigem Schritt los.

Der Friedhof wollte kein Ende nehmen. Viele Gräber säumen den Weg und zeigen unbarmherzig auf, wie schrecklich sich das Besprühen der Obstbäume mit Gift ausgewirkt hat.

Emil und Bruno haben das letzte Grab erreicht. Vorsichtig gehen sie durch einen Torbogen und betreten eine Höhle, an deren Seiten Bienenwaben und Nistplätze aufgebaut sind.

Mit offenem Maul und Schnabel stellen Bruno und Emil fest, dass sie in eine geheime Bienenhöhle eingedrungen sind. Aber kaum hatten sie den Gedanken zu Ende gebracht, ging ein Sturm auf sie los.

Wespen greifen die beiden Tiere rücksichtslos an und stechen sie, wohin sie auch können. Bruno wirbelt mit seinen Tatzen wild um sich und Emil versucht mit seinen Flügeln, die Angreifer auf Abstand zu halten.

Eine scharfe Stimme erschallt in der Höhle: „Haltet ein!" Sofort ziehen sich die Wespen zurück.

Der Bär und die Eule sind noch ganz benommen und wenden sich nach kurzer Zeit der Stimme zu. Auf einem Felsvorsprung sitzt eine große Wespe, die die Ankömmlinge nicht gerade freundlich ansieht. Mit beißender Stimme fragt sie: „Was wollt ihr hier? Wer seid ihr?"

Verärgert entgegnet Bruno sofort: „Hey, du schwarz, gelbe Wurst, mache dich ja bloß nicht so wichtig, sonst trete ich aus Versehen mal auf dich drauf und deine Krieger können dich als Wurstbrei verspeisen."

Die Wespe dreht sich gelassen um und sofort erscheinen die vielen Wespensoldaten und warten auf einen Befehl.

Emil wiegelt sofort energisch ab und ruft: „Es ist ein großes Missverständnis. Wir wollen euch nichts tun und kommen in Frieden. Wir suchen zwei Freunde. Sie heißen Summsel und Wolli und sie wurden von Wespen auf diese Insel entführt."

Der Wespenanführer lacht grimmig auf und bestätigt: „Ja, das ist richtig. Auf der Insel der Verlierer darf keine Biene mehr wohnen. Die Menschen auf dieser Insel haben es nicht verdient, dass Bienen und andere Insekten deren Blüten bestäuben. Darum kontrollieren wir täglich, ob sich noch Bienen auf dieser Insel aufhalten. Summsel und Wolli bleiben hier."

Empört fragt Bruno: „Warum?"

Aus der Dunkelheit erscheint eine alte Biene. Mit einem Zeichen macht sie dem Anführer verständlich, ruhig zu sein.

Emil flüstert Bruno zu: „Ich fresse einen Besen, wenn das nicht Doktor Bieno ist!"

An Bruno und Emil gerichtet spricht sie mit herrischer Stimme: „Wespo hat recht! Die Wildbienen wären auf der Insel der Verlierer fast ausgerottet worden. Mit den wenigen, die uns erhalten geblieben sind, müssen wir wieder zu einem Volk aufwachsen. Dazu gehören jetzt auch Summsel und Wolli."

Mutig treten Bruno und Emil an die alte Biene heran.

Zögernd fragt Emil: „Sind Sie Doktor Bieno?" Dieser schaut misstrauisch den Bären und die Eule an und nickt zögernd.

„Doktor Bieno, wir sollen ihnen viele Grüße von ihrem Bruder, Professor Bummel, ausrichten", sagt Bruno und wirft Wespo noch einen wütenden Blick zu.

„Was? Bummel? Woher kennt ihr meinen Bruder?", fragt Doktor Bieno überrascht.

Endlich war die Zeit gekommen, eine lange Erklärung abzugeben.

Wespo musste Summsel und Wolli holen, was er allerdings nur unter Protest tat.

Erfreut umarmten sie ihre beiden Begleiter.

Nachdem alles ausgetauscht wurde, bestätigt Doktor Bieno: „Ja, es ist richtig. Mir ist es tatsächlich gelungen, ein Medikament zu entwickeln, welches die Krankheit besiegt. Allerdings habe ich nur noch ein kleines Röhrchen mit dieser Arznei. Hier ist es. Es ist ausreichend für ein ganzes Bienenvolk."

Er zeigt es kurz hoch.

Sofort mischt sich Wespo ein: „Dieses Röhrchen bleibt hier!"

Doktor Bieno schüttelt mit dem Kopf. „Wespo, im Moment benötigen wir das Medikament nicht. Ja, es dauert lang, ehe ich wieder so ein Röhrchen zusammengemixt habe, da müssen die Wespen und Bienen helfen, die Heilkräuter zu sammeln."

Wespo lässt sich nicht überzeugen.

„Und wenn Ihnen etwas passiert? Keiner weiß, außer Ihnen, wie das Medikament zusammengesetzt ist. Es bleibt dabei, das Röhrchen bleibt hier!"

Bruno murrt: „Mann, ist der Kerl stur! Professor Bummel braucht es für seine Patienten. Kapierst du das nicht?"

„Und wir benötigen es auch!", entgegnet Wespo und reißt das Röhrchen Doktor Bieno aus dem Flügel und fliegt schnell aus der Höhle.

Bruno greift sich mit den Tatzen an den Kopf und brüllt: „Nein, das kann doch nicht wahr sein!" Die Wespensoldaten wollen ihrem Anführer folgen, aber der Bär stellt sich ihnen in den Weg. „Hiergeblieben! Ansonsten schlage ich dreimal zu und ihr könnt ‚Halleluja' singen." Ängstlich ziehen sie sich zurück.

Längst haben Emil, Summsel und Wolli die Verfolgung aufgenommen. Als sie den Friedhof verlassen, sehen sie Wespo vor sich, der die Richtung zum Meer eingeschlagen hat.

Wolli ruft Emil zu: „Er darf nicht auf die Insel der Verlierer. Wir müssen ihm den Weg abschneiden."

Emil nickt und weicht nach rechts aus, während Wolli die linke Seite übernimmt. Summsel bleibt direkt hinter Wespo.

Da Eulen gegenüber Wespen schneller fliegen können, hat Emil gut aufgeholt. Doch Wespo schlägt immer wieder Haken, sodass Emil ihn mit seinen Krallen nicht greifen kann.

Emil schaut nach vorn und traut seinen Augen nicht. Albi, der Albatros, kommt ihnen entgegen!

„Albi, sperr deinen Schnabel auf! Dort, die Wespe, fang sie", schreit Emil. Albi ist völlig überrascht und ruft entgeistert zurück: „Ich fresse doch keine Wespen. Nein, nein, die stechen nur!"

Emil seufzt und entgegnet: „Doch, sie hat es!"

Albi macht große Augen. „Was, sie hat ihn? Na, wenn das so ist, dann will ich das kleine Tierchen mal in meinen Schnabel locken."

„Aber nicht herunterschlucken", rufen Summsel und Wolli gleichzeitig.

Wespo ahnt natürlich nicht, was der Albatros vorhat. Er sieht, wie ein weißer Vogel mit sperrangelweitem Schnabel auf ihn zukommt. Er kann nur noch denken: *Ist der Kerl verrückt?* Und schon ist Wespo im Schnabel von Albi verschwunden.

Die Eule und die zwei Bienen rufen begeistert „Hurra!" und setzen zur Landung an. Unten angekommen sehen sie, wie Albi elegant eine Schleife fliegt und dann ebenfalls zur Landung ansetzt.

Die drei Tiere wirbeln auseinander, denn es war zu befürchten, dass Albi sie über den Haufen wirft. Mit einem Rumpeln und Holpern hat er endlich seinen Landeplatz eingenommen. Albi liegt flach auf dem Boden und hält seinen Schnabel geschlossen.

„Na komm schon, Albi, öffne den Schnabel", sagt Emil.

Albi schüttelt mit dem Kopf und mümmelt Unverständliches.

Summsel stupst ihn an und fragt: „Albi, was ist denn los? Du musst uns schon das kostbare Röhrchen geben!"

Wieder schüttelt Albi den Kopf.

Verwundert schauen sich die drei an. Wolli rümpft nachdenklich seinen Rüssel und fragt: „Will Albi etwa das Medikament selber schlucken?"

„Was? Ein Medikament?" Albi reißt seinen Schnabel auf und wenn Emil nicht sofort geistesgegenwärtig mit einem Flügel Wespo festgehalten hätte, wäre die Wespe wieder geflüchtet.

Glücklich hält Emil das Röhrchen in die Luft. Er gibt Wespo einen Stupser und sagt: „Grüß Doktor Bieno von uns und richte unseren herzlichen Dank aus! Ist das klar?" Widerwillig nickt Wespo und wütend fliegt er davon.

Inzwischen ist auch Bruno eingetroffen. Als er das Medikament sieht, brummelt er zufrieden: „Wir haben es geschafft! Aber nun schnell zu Käpt'n Prisewind. Morgen früh muss die Arznei in der Krankenstation sein."

Die Waldtiere gehen los.

Nur Albi krakeelt noch aufgebracht hinterher: „Ein Medikament! Ich denke, ihr sucht einen Schatz! Mist! Immer bin ich der Leidtragende! Immer ich!"

Als er sieht, dass die vier schon einen großen Vorsprung haben, ruft er: „Nehmt mich doch mit! Nun wartet doch! Ich komme!"

Das Waldfest

Vergnügt fliegen Summsel und Wolli über die Blumenwiese. Emsig krabbeln sie in die Blüten und nehmen den Nektar auf. Von Weitem tuckert ein Traktor.

Summsel sieht auf und beruhigt sagt sie zu Wolli: „Dort arbeitet der Rothölzer. Jetzt kommt er uns nicht mehr zu nahe und wir können in Ruhe auf Nahrungssuche gehen."

Wolli fliegt auf die Blüte, wo sich Summsel niedergelassen hat und meint: „Professor Bummel hat gesagt, dass Menschen, Tiere und Pflanzen auf unserer Erde friedlich miteinander leben und gedeihen können. Es kommt darauf an, dass die Menschen es wollen und nicht nur an sich selbst denken. Es gibt immer Lösungen. Und jeder hat etwas davon!"

Summsel nickt und schaut über das Blütenblatt nach unten. Wolli hält sie sofort fest und murmelt: „Vorsicht, nicht so weit nach vorn beugen!"

Tief im Gras spinnt Nenni, die Wespenspinne, ein Netz.

„Hey, Nenni, einen schönen guten Morgen", ruft Summsel nach unten.

Überrascht sieht Nenni hoch, zieht verwundert ihre Augen zusammen und ruft: „Summsel und Wolli, schön euch zu sehen. Überall hört man von euren tollen Taten. Ich freue mich, dass die Wildbienen gerettet wurden. Ohne Bienen wäre die Wiese nie so schön und ich müsste mir einen anderen Platz für mein Netz suchen."

„Alle Tiere des Waldes haben uns geholfen", ergänzt Wolli und hält dabei immer noch kräftig Summsel fest, damit sie nicht herunterfallen kann.

„Nenni, komm doch heute Abend auf die Wiese an der Waldschule! Alle Waldtiere wollen gemeinsam feiern, das wird bestimmt schön", ruft Summsel und beugt sich noch weiter nach vorn, um Nenni besser sehen zu können.

Doch dann passiert es. Ein kleiner Windstoß erfasst Summsel und Wolli und gemeinsam fallen sie in Nennis Spinnennetz.

Erschrocken versuchen beide, sich aus dem Netz zu befreien, aber ihre Beine verhaken sich immer mehr zwischen den Spinnfäden.

Nenni gleitet geräuschlos zu den zwei Bienen und nuschelt: „Immer langsam, immer langsam!" Mit ihren langen Beinen hebt sie Summsel und Wolli aus dem Netz und sagt: „Nun fliegt! Wir sehen uns heute Abend beim Waldfest."

Die beiden Freunde fliegen nach oben und winken Nenni freundlich zu.

Erstaunt schauen die Amseljungen über den Nestrand, denn so viel Lärm wie heute Abend ist wirklich ungewöhnlich. Die Amselmama schimpft: „Was soll denn das? Ihr müsst jetzt schlafen!"

„Och…", zwitschern die Jungen, „… können wir noch ein wenig aufbleiben? Jetzt beginnt doch das Waldfest!"

Die Amselmama hat ein Einsehen. „Na gut, dieses Waldfest ist etwas Besonderes. Dann sehen wir von oben zu."

Immer mehr Tiere kommen zur Waldschule, unterhalten sich lautstark und zeigen begeistert mit

ihren Pfoten auf die Tannen, wo sich viele Wildbienen gesetzt haben.

Mit Freude stellen Emil und Bruno fest, dass sogar
Doktor Bieno gekommen ist.

Hoppsel, der Hase, hüpft von einem Tier zum anderen und fragt: „Hast du einen großen Wisent
gesehen?" Aber die Tiere schütteln mit dem Kopf
und der eine oder andere macht Hoppsel darauf
aufmerksam, dass es in diesem Wald keine Wisente gibt.

Hoppsel stolpert über einen Erdhügel. „Mann,
Mauli, musst du überall die Erde aufwühlen?",
schimpft er. Aber Mauli grinst nur und buddelt
sich aus seinem Erdhaufen.

„Mauli, hast du Karl gesehen? Er hat versprochen,
zum Fest zu kommen."

Mauli schnüffelt mit seiner Nase und meint: „Ich
rieche ihn, also muss er da sein!"

Tatsächlich, Karl ist herangaloppiert und sieht su-
chend in die Runde. Hoppsel rennt auf ihn zu und
ruft: „Karli, mein Freund, schön, dass du da bist.
Warte, ich umarme dich oder nein, dann drücke
ich zu fest und es tut dir weh." Hoppsel klopft zur
Begrüßung seine Pfote an Karls Vorderbein.

Professor Bummel läutet die Schulglocke und ein
helles Bimmeln ertönt durch den Wald. Sofort

kehrt Ruhe ein. Der Professor beginnt mit seiner Rede.

„Diesen Tag habe ich seit langem herbeigesehnt. Tiere und Menschen ...", dabei winkt er Mirja zu, „... haben gemeinsam den Wildbienen geholfen. Jetzt können sie wieder ihrer fleißigen Arbeit nachgehen." Er nimmt ein Taschentuch aus seinem Kittel und wischt sich verstohlen Tränen aus den Augen. „Und ich freue mich, dass ich meinen Bruder wiedersehen durfte. Doktor Bieno hat eine ausgezeichnete Arbeit geleistet."

Alle Tiere klatschen und einige rufen: „Wir haben Doktor Bieno viel zu verdanken!" Aber der winkt nur bescheiden ab.

Professor Bummel bringt vor Rührung kaum noch ein Wort hervor. Mit leiser Stimme sagt er: „Auch im Namen aller Bienen kann ich euch allen nur ‚Danke' sagen."

Emil springt in die Mitte und ruft: „Ich schlage vor, wir singen gemeinsam das Bienenlied!"

Die Waldtiere und Mirja stimmen ein:

„Summ, summ, summ!
Bienchen summ herum!
Ei, wir tun dir nichts zuleide,
flieg nur aus in Wald und Heide!
Summ, summ, summ!
Bienchen summ herum!"

112

Kaum war die dritte Strophe verklungen, hören sie aus der Luft eine schnarrende Stimme: „Vorsicht da unten, ich komme!"

Ein weißer Vogel ist im Anflug.

Bruno winkt aufgeregt mit den Tatzen und ruft: „Alles auseinander! Macht Platz! Albi braucht eine lange Landebahn!"

Alle laufen kreuz und quer zur Seite. Nachdem Albi kurz den Baumstumpf gestreift hat, kommt er genau vor Bruno zum Stehen, der ihn mit großen Augen ansieht.

Albi krächzt: „Auf der grünen Insel soll ein Schatz vergraben sein! Kommt ihr vier mit suchen?"

Bruno, Emil, Summsel und Wolli schütteln den Kopf. Emil antwortet: „Das, lieber Albi, wäre dann eine ganz andere Geschichte!"

Ein Wort an die Kinder

Liebe Kinder,
ihr wisst natürlich, dass es in Wirklichkeit keinen Professor Bummel oder Doktor Bieno gibt. Auch die Krankenstation für Wildbienen ist frei erfunden, obwohl, für die Bienen wäre es gut, wenn sie solch eine Einrichtung nutzen könnten. Denn um unsere Wildbienen steht es gegenwärtig tatsächlich sehr schlecht.

Von den über 550 heimischen Arten ist zirka die Hälfte in Gefahr, für immer auszusterben. Die Gründe sind sehr vielfältig und wurden zum Teil in dieser Geschichte dargestellt.

Tatsache ist, die Wildbienen sind für die Menschen, Tiere, Pflanzen und Bäume sehr, sehr wichtig.

Deshalb muss schnell gehandelt werden! Auch ihr könnt dazu beitragen.

Im folgenden Anhang werden Vorschläge und Tipps sowie Interessantes rund um das Thema „Wildbienen" aufgezeigt.

Wissenswertes, Tipps und Vorschläge zum Thema:

Wildbienen

Anhang 1

Wie soll man sich gegenüber den Wildbienen verhalten?

Wildbienen können ohne Angst und in aller Ruhe sowohl an den Nestern als auch an Blüten beobachtet werden.

Wer Bienen in seiner Nähe hat, sollte sich ruhig verhalten. Bienen stechen nur, wenn sie sich oder ihren Bau unmittelbar bedroht oder angegriffen sehen.

Selbst eine Biene auf der Nase kontrolliert nur ihre Umgebung und beabsichtigt in der Regel keinen Angriff, ganz im Gegensatz zu einer Mücke.

Also, haltet beim Beobachten einen guten Abstand und stört sie nicht bei ihrer Arbeit.

Eine kleine Auswahl von Wildbienenarten

Rote Mauerbienen (auch Rostrote Mauerbiene): Ist die häufigste einheimische Art aus der Gattung der Mauerbienen. Sie nutzen Nisthilfen und falls keine vorhanden sind, besiedeln sie so ziemlich jeden Hohlraum, den sie finden können (Wasserschläuche, Türschlösser, Bohrungen usw.).

Stahlblaue Mauerbienen: Nistet in vorhandenen Hohlräumen verschiedenster Art: Fraßgänge in altem Holz; verlassene Nester von Pelzbienen; in Steilwänden oder in der Erde.

Löcherbienen: Die unter einen Zentimeter kleinen Tiere verschließen ihre Nester mit Harz.

Hummeln leben in Gemeinschaften und haben enge Beziehungen zueinander. Sie bilden Völker, im Gegensatz zu den sonst alleinlebenden Wildbienenarten.

Seidenbienen: Die Weibchen legen ihre Eier in Nest-Kolonien – oft in Sandböden oder Sandstein

Spalten-Wollbienen: Ihre Nistplätze sind Erdritzen, Felsspalten und Mauerfugen.

Mörtelbienen: Ihre Nester bestehen aus Steinchen oder Erde, die sie mit Speichel mörteln.

Keulhornbienen: Die sehr kleinen Tiere beißen ihre Nester in markhaltige Pflanzenstängel.

Pelzbienen: Sammeln Pollen mit den Beinen und können auf der Stelle schweben.

Trauerbienen: Sie legen ihre Eier in die Nester von Pelzbienen.

Wie funktioniert die Bestäubung der Pflanzen?

Ohne Bienen sähe das Frühstück ziemlich trostlos aus. Nicht nur der Honig würde fehlen, sondern auch auf Obst, Saft und Marmelade müssten wir verzichten.

Dass Bienen sehr wichtig für die Bestäubung der Pflanzen sind, habt ihr in dieser Geschichte schon gehört. Aber wie genau funktioniert eigentlich die Bestäubung?

So wie bei Menschen und Tieren gibt es auch bei Pflanzen eine Mama (bei Pflanzen sind es die Fruchtblätter) und einen Papa (es sind die Staubblätter).

Nun können ja Pflanzen nicht gehen und auf sich zukommen. Um sich fortzupflanzen und sich damit zu vermehren, locken sie mit ihrer vielfältigen Farbenpracht Insekten (Bienen, Schmetterlinge, Fliegen) an, die sich durch Blütensaft (Nektar) ernähren.

Die Biene fliegt eine Blüte an und saugt mit ihrem Rüssel den Nektar, einen zuckerhaltigen

Saft, aus der Narbe der Pflanze heraus. Daraus machen die **Honigbienen** später den Honig.

Die Pollen der Blüte bleiben am Haarkleid der Biene hängen.
Die Pollen verfüttern die Bienen an ihre Jungen. Etwas davon bleibt allerdings auch an der nächsten gleichen Pflanzenart an deren Blüten und deren Narben hängen, die die Biene im Anschluss besucht – und die werden dabei befruchtet. Einige Pflanzen können sich zur Not auch ohne Bienen behelfen, indem sie etwa vom Wind bestäubt werden.

Wildbienen am Haus, im Garten und in der Schule

Der Schutz unserer Wildbienen ist stark davon abhängig, wie wir es verstehen, das **Nahrungsangebot** und die **Nistplätze** für sie zu sichern.

Nahrungsangebot

Ein mit Blumen schön gestalteter **Balkon** erfreut nicht nur euch, sondern er wird auch durch Wildbienen sehr geschätzt.
Übernehmt die Pflege von 2-3 Blumentöpfen auf dem Balkon (säen, gießen, pflegen).

Auch im **Garten** könnt ihr fleißig mithelfen, damit die Wildbienen stets ein reichhaltiges Nahrungsangebot haben. Nicht alle wild wachsenden Pflanzen müssen herausgerissen werden (z.B. Löwenzahn, **Buschwindröschen**).
Sie bilden nicht nur eine gute Nahrungsquelle für die Wildbienen, sondern bereichern auch das Aussehen des Gartens.

Fingerhüte

Entscheidend für die Bedeutung einer Nahrungspflanze ist, ob ihre Blüten den für die Versorgung der Jungen erforderlichen Pollen liefern, wie Wildblumenmischungen, Kornblumen, Kamille oder Heidekraut.

Im **Frühling** sind es unter anderem: Krokus, Schneeglöckchen, Hyazinthe, Weidekätzchen

Im **Sommer**: Lavendel, Minze, Kornblume

Im **Herbst**: Sonnenblume, Fetthenne – um nur einige Blumen/Pflanzen zu nennen.

Weidekätzchen

Der Garten an einer Schule ist für euch ein wertvoller Lernort.

Im **Schulgarten** kann man Natur zum Anfassen erleben: Die Farbenvielfalt der Blumen, das Treiben der Bienen, der Duft von Kräutern (Basilikum, Dill, Thymian, Oregano, die man zur Blüte kommen lassen sollte) und vieles mehr.

Neben Obst, Gemüse und Kräutern sollte der Schulgarten auch Lebensräume für Wildbienen bereithalten. Das Anlegen und Betreuen solcher natürlichen Bereiche ist eine wichtige Aufgabe für euch.

Schulgarten der Zeppelin-Grundschule Potsdam

Nistplätze

Am besten sind die Nistplätze, die die Natur den Wildbienen bereithält und durchaus auch im **Garten** entstehen können. Bäume, die aus vielerlei

Gründen im Garten weichen müssen, sollten nicht verbrannt oder entsorgt werden, sondern sie können als „Totholz" ein „Zuhause" für Bienen und andere Insekten sein.

Für euch, Kinder, wäre ein solcher Ort ideal für die spannende Beobachtung der kleinen Tiere.

Das gemeinsame Bauen von Nisthilfen im Garten mit euren Eltern macht viel Spaß und man kann dabei viel lernen.

Bevor man beginnt, sollte man sich fachlichen Rat suchen, der zum Beispiel im Internet ausreichend beschrieben wird.

Schulgarten der Zeppelin-Grundschule Potsdam

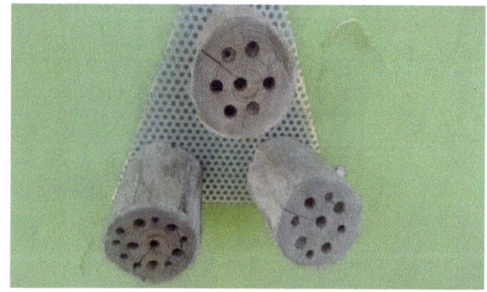

Warum sterben unsere Wildbienen?

Die Lebensräume (Wald-, Acker- und Gartenland-schaft) unserer Wildbie-nen werden immer klei-ner.

Giftige Stoffe (Pestizide) und Dünger schwächen die Gesundheit dieser kleinen Tiere.

Die stets fortwährende Erwärmung unserer Erde (Klimawandel) bekommt den Wildbienen nicht.

Kinderlied
Summ, summ, summ

1.-5. Summ, summ, summ, Bien-chen, summ her-um. 1. Ei, wir tun dir nichts zu-lei-de, flieg' nur aus in Wald und Hei-de. 1.-5. Summ, summ, summ, Bien-chen, summ her-um.

Hoffmann von Fallersleben (1842)
Volksweise (19. Jh.)

1. Summ, summ, summ, Bienchen, summ herum.
   Ei wir tun dir nichts zuleide,
   flieg' nur aus in Wald und Heide.
   Summ, summ, summ, Bienchen, summ herum.

2. Summ, summ, summ, Bienchen, summ herum.
   Such in Blumen, such in Blümchen
   dir ein Tröpfchen, dir ein Krümchen!
   Summ, summ, summ, Bienchen, summ herum.

3. Summ, summ, summ, Bienchen, summ herum.
   Kehre heim mit reicher Habe,
   bau uns manche volle Wabe.
   Summ, summ, summ, Bienchen, summ herum.

4. Summ, summ, summ, Bienchen, summ herum.
   Bei den Heilig-Christ-Geschenken
   wollen wir auch dein gedenken.
   Summ, summ, summ, Bienchen, summ herum.

5. Summ, summ, summ, Bienchen, summ herum.
   Wenn wir mit dem Wachsstock suchen
   Pfeffernüss' und Honigkuchen.
   Summ, summ, summ, Bienchen, summ herum.

Der mürrische Osterhase

Eine Geschichte zum Osterfest

Willi, der Osterhase, hat sich kurz vor dem Oster-fest dazu entschlossen, in den Ruhestand zu gehen. Hermine, die Eule, und ihre Freunde sind ver-zweifelt. Sie wollen sich bei den Dorfkindern für ihre Winterhilfe mit einem Ostergeschenk bedan-ken. Doch plötzlich ist der Osterhase verschwun-den. Die Suche beginnt! Was hat die Familie Bunt-schuh damit zu tun? Wer hat die beste Legehenne Erna von Oma Hanna gestohlen? Wird Willi die beiden Hasenkinder Emmi und Pitt bei sich auf-nehmen? Ist das Osterfest noch zu retten? Eine spannende, lustige, kurzweilige Osterge-schichte, die auch zum Nachdenken anregt.

Taschenbuch, 88 Seiten, ISBN 9789753427492; 6,49 €; Überall im Online-Buchhandel!

Emil, die Eule, und seine Freunde freuen sich auf den ersten Schultag in der Waldschule. Doch Lehrer Löffelknick muss sie enttäuschen, denn Diebe haben in der Nacht die Schulwandtafel gestohlen. Die Tierschulkinder wollen aber nicht auf den ersten Schultag verzichten und begeben sich auf die Suche. Ihr Weg führt sie zu den Zwieselzwergen und zum Rothölzer, der im Wald als Bösewicht bekannt ist. Wird es den Tierkindern gelingen, die Wandtafel zurückzubekommen?

Eine fantasievolle, abenteuerliche Geschichte für Kinder im Vorschulalter und für die Schulanfänger. Bestens geeignet zur Sprachförderung im Kindergarten und in der Schule oder als Vorlesespaß in der Familie.

Erhältlich bei allen Online-Buchhändlern als Taschenbuch (6,99 €) und e-book (3,49 €).
ISBN 978-3749430314; 104 Seiten